T0163979

LES PUISSANCES DE L'ÂME

DANS LA MÊME COLLECTION

JACQUES DE VITERBE, *L'âme, l'intellect et la volonté*, édition bilingue, introduction, traduction et notes par A. Côté, 240 pages.

JEAN DUNS SCOT, *Signification et vérité. Questions sur le traité Peri hermeneias d'Aristote*, édition bilingue, introduction, traduction et notes par G. Sondag, 300 pages.

HENRI DE GAND, *Sur la possibilité de la connaissance humaine*, édition bilingue, introduction, traduction et notes par D. Demange, 256 pages.

HENRI DE GAND, MATTHIEU D'AQUASPARTA, RICHARD DE MEDIAVILLA, PIERRE DE JEAN OLIVI, *Les anges et le lieu. Quatre questions sur la localisation des substances séparées*, édition bilingue, introduction, traduction et notes par T. Suarez-Nani, O. Ribordy, G. Evangelista, G. Lardelli, Ph. Schultheiss, 288 pages.

JEAN GERSON, *Sur la théologie mystique*, édition bilingue, introduction, traduction et notes par M. Vial, 240 pages.

GUILLAUME D'OCKHAM, *Intuition et abstraction*, édition bilingue, introduction, traduction et notes par D. Piché, 272 pages.

GUILLAUME D'OCKHAM, *Traité sur la prédestination et la prescience divine des futurs contingents*, édition bilingue, introduction, traduction et notes par C. Michon, 258 pages.

PIERRE DE JEAN OLIVI, *La matière*, édition bilingue, introduction, traduction et notes par T. Suarez-Nani, C. König-Pralong, O. Ribordy et A. Robiglio, 360 pages.

PIERRE DE JEAN OLIVI, *Question sur la foi*, édition bilingue, introduction, traduction et notes par N. Faucher, 190 pages.

THOMAS D'AQUIN et BOÈCE DE DACIE, *Sur le bonheur*, édition bilingue, introduction, traduction et notes par R. Imbach et I. Fouche, 176 pages.

THOMAS D'AQUIN, *Le maître. Questions disputées sur la vérité. Question XI*, édition bilingue, introduction par R. Imbach, traduction et notes B. Jollès, 280 pages.

THOMAS D'AQUIN, *La royauté, au roi de Chypre,* édition bilingue, introduction, traduction et notes par D. Carron avec la collaboration de V. Decaix, 294 pages.

Translatio
Philosophies Médiévales

Directeurs : Jean-Baptiste BRENET et Christophe GRELLARD

**BONAVENTURE, THOMAS D'AQUIN
JEAN DUNS SCOT**

LES PUISSANCES DE L'ÂME

Textes traduits, présentés et annotés
par

Jean-Baptiste LÉTANG et Kristell TREGO

PARIS
LIBRAIRIE PHILOSOPHIQUE J. VRIN
6 place de la Sorbonne, V^e

2022

© *Librairie Philosophique J. VRIN*, 2022

Imprimé en France

ISSN 1779-7373

ISBN 978-2-7116-3072-1

www.vrin.fr

INTRODUCTION

Il est courant au Moyen Âge de parler de « puissances » de l'âme. Mais une telle expression n'est pas neutre. L'application du concept de puissance aux facultés de l'âme enracine la psychologie dans la métaphysique. Se pose en premier lieu la question de leur statut ontique. À quel titre les puissances *de* l'âme sont-elles *dans* l'âme ? Devrions-nous y voir des accidents ? Ou se laissent-elles ramener à la substance ou essence de l'âme ? Une telle position du problème engage une certaine reprise de la doctrine catégoriale. Sa résolution invitera à revisiter les concepts de puissance et d'acte. Si les puissances de l'âme se disent par rapport aux actes qu'elles permettent, ces actes ne signifient pas d'abord l'actualité substantielle, mais nous renvoient bien plutôt aux activités de l'homme dans le monde.

La question des puissances de l'âme est au XIIIe siècle l'héritière d'une double tradition, aristotélicienne et augustinienne. Après avoir défini l'âme comme forme ou entéléchie d'un corps organisé ayant la vie en puissance (*De l'âme*, II, 1), Aristote fait droit à ses différentes puissances (II, 3, 414a29). D'autre part, dans son traité sur la *Trinité*, Augustin propose une psychologie qui invite, sur le modèle trinitaire divin, à penser une unicité essentielle de l'âme, quoiqu'elle se présente sous forme trinitaire (mémoire, intelligence et volonté, par exemple) : « Donc, ces trois, mémoire, intelligence et volonté, ne sont pas trois vies, mais une unique vie, non pas trois esprits, mais un unique esprit : par conséquent, elles ne sont pas trois substances, mais une unique substance »[1]. Adoptant la perspective initiée par Augustin, auquel ils ne manquèrent d'ailleurs pas de se référer, les auteurs de la première moitié du XIIIe siècle, à l'exception notable de Guillaume d'Auxerre (qui s'alarma des conséquences d'une telle position)[2],

1. *De Trinitate*, X, XI, 18, BA XVI, Paris, EA, 1991, p. 154 : « Haec igitur tria, memoria, intellegentia, voluntas, quoniam non sunt tres vitae sed una vita, nec tres mentes sed una mens, consequenter utique nec tres substantiae sunt sed una substantia. ». Ajoutons en outre la présence au XIIIe siècle du traité pseudo-augustinien, *De spiritu et anima*, XIII, qui affirme la simplicité de l'âme et l'identité des puissances et forces (mais non des vertus) à l'âme : « Simplex substantia est anima, nec aliud, nec minus est ratio in substantia quam anima ; nec aliud, nec minus est irascibilitas vel concupiscibilitas quam anima : sed una eademque substantia secundum diversas potentias diversa sortitur vocabula. Has potentias habet antequam corpori misceatur. Naturales siquidem sunt ei, nec aliud sunt quam ipsa. … Potentiae namque ejus et vires idem sunt quod ipsa. Habet accidentalia, et ipsa non est. Suae vires est, suae virtutes non est. Non enim est sua prudentia, sua temperantia, sua fortitudo, sua justitia. Potentiae animae sunt, rationalitas, concupiscibilitas, et irascibilitas. Vires sunt, sensus, imaginatio, ratio, memoria, intellectus, intelligentia. Potentiae tamen possunt dici vires, et vires potentiae » (PL XL, 789). Thomas le reconnaît apocryphe, et accuse son auteur de ne pas avoir compris les paroles des saints qu'il rapporte (*De creaturis spiritualibus*, a. 11, ad 2um, éd. Brenet, p. 268) ; cf. *Quaestiones de anima*, a. 12, ad 1um. Sur l'importance de ce texte, considéré comme augustinien jusque dans les années 1240, voir P. Michaud-Quantin, « Une division 'augustinienne'… », p. 241-242.

2. Dans sa *Summa aurea*, II, 9, 1, 6, éd. Ribailler, p. 243, Guillaume d'Auxerre mentionne, pour la refuser comme inadmissible, la thèse affirmant l'identité de l'âme et de ses puissances, en ce qu'elle méconnaîtrait le statut de la créature : en Dieu seul, l'être et le pouvoir coïncident. Sur Guillaume d'Auxerre, voir M. Bieniak, *The Soul-Body Problem…*, p. 100-102.

développèrent l'idée d'une identité de l'âme à ses puissances[1].

Une première version de l'augustinisme se rencontre chez Guillaume d'Auvergne[2] ; celui-ci insiste dès lors sur l'identité de l'âme et de ses puissances : « les puissances de l'âme ne sont pas distinctes de l'âme elle-même »[4]. À l'instar de l'homme qui peut occuper des fonctions variées, l'âme peut être pensante ou voulante.

Une seconde version de l'augustinisme se rencontre chez des auteurs franciscains, tels Bonaventure de Bagnoregio, surnommé le « Docteur séraphique » (m. 1274) : celui-ci n'hésite pas à distinguer l'âme de ses puissances[4], pour ensuite, dans un second temps, les unir. Sans s'identifier avec elle, la mémoire, l'intelligence et la volonté se laissent ainsi « ramener » à l'essence de l'âme. Déterminant apparaît de ce point de vue le concept de *reductio*[5] ; celui-ci permet de ne pas faire des puissances de l'âme de simples accidents inhérents en elle. Bonaventure soutient cette position dans son commentaire des *Sentences*[6],

---

1. Voir O. Lottin, « L'identité de l'âme et de ses facultés… ».

2. Voir à son sujet T. Pitour, *Wilhem von Auvergnes Psychologie*. p. 222 *sq.*

4. *De anima*, chap. III, pars 6, éd. Le Féron, p. 92b. (« potentiae animae non sunt distinctae ab ipsa anima »).

4. Sur la doctrine bonaventurienne de l'âme, voir E. Gilson, *La philosophie de saint Bonaventure*, p. 254-273.

5. Sur ce concept, fondamental chez Bonaventure, voir J. G. Bougerol, *Introduction à saint Bonaventure*, p. 140-145.

6. Rappelons simplement que les *Sentences* de Pierre Lombard (m. 1160) présentent d'une manière ordonnée la totalité de ce qu'il convient d'examiner : les différentes « sentences », c'est-à-dire positions, sont recensées et classées selon les différents sujets à traiter. Les *Sentences* offrent donc un tour d'horizon des différentes questions philosophiques et théologiques, ce pourquoi le commentaire des *Sentences* a constitué la base de l'enseignement universitaire aux XIIIᵉ et XIVᵉ siècles. Loin

livre I, distinction 3[1]. Dans cette distinction, s. Bonaventure s'interroge en effet sur la possibilité de connaître Dieu, et dès lors sur les images ou ressemblances sur lesquelles on pourrait s'appuyer : telle apparaît l'âme humaine[2]. À la suite d'Augustin, relayé par Pierre Lombard, Bonaventure soutient tout d'abord que « l'image se découvre dans ces trois puissances [la mémoire, l'intelligence et la volonté], seulement cependant en étant rapportées à l'unité de l'essence et à la pluralité des actes »[3]. Il en vient alors à s'interroger sur l'identité essentielle de ces puissances avec l'âme[4], et soutient que les puissances de l'âme sont par « réduction » dans le même genre que l'âme[5]. Imprégné de la pensée d'Augustin, Bonaventure s'appuie, pour étayer sa position, sur une lecture fine des *Catégories* d'Aristote. La Stagirite n'avait pas mobilisé les concepts de puissance et d'acte dans ce traité ; mais il y avait esquissé une certaine inclusion de la puissance au titre des qualités (chap. 8). L'occasion est ainsi donnée pour s'interroger sur le statut des puissances dans les substances : requièrent-elles un

d'exposer les thèses de Pierre Lombard, les commentaires des *Sentences*, en suivant l'ordre du texte, entendent aborder les différentes questions et y apporter des réponses personnelles, non sans examiner les positions adverses.

1. Le livre I des *Sentences* porte en effet sur Dieu. La distinction 3 sur la question de l'image de Dieu en l'homme, et donc sur l'âme.

2. Voir ainsi le cheminement de l'*Itinéraire de l'esprit vers Dieu*, en particulier le chapitre 3, qui s'attache à la contemplation de Dieu par son image imprimée dans nos puissances naturelles.

3. I, d. 3, p. 2, a. 1, q. 1, éd. Quaracchi, p. 81 : « imago attenditur in his tribus potentiis, tamen in comparatione ad unitatem essentiae et pluralitatem actuum ».

4. I, d. 3, p. 2, a. 1, q. 3 : « Utrum memoria, intelligentia et voluntas sint idem in essentia cum anima ».

5. Ce concept de « réduction » apparaît obscur à Kilwardby, *Quaestiones in Sententias*, I, q. 60, éd. Schneider, p. 171.

accident, par lequel elle pourrait agir ; ou relèvent-elles immédiatement de la substance ? Le « docteur séraphique » propose une tripartition des sens de la puissance, et découvre une puissance naturelle qui serait telle une différence substantielle. Appliquant les trois sens de la puissance à l'âme, il peut alors, similairement, faire droit à des puissances consubstantielles. Telles apparaissent la mémoire, l'intelligence et la volonté, qui tout à la fois proviennent de la substance, mais s'y laissent reconduire.

Un cadre théorique est ce faisant mis en place pour la réflexion sur les puissances de l'âme. Si Augustin constitue indéniablement une autorité centrale (sans doute devrions-nous dire l'autorité principale), la réflexion ne manquera pas de se nourrir de l'outillage conceptuel proposé par Aristote. Ce cadre théorique se retrouve chez Thomas d'Aquin (m. 1274)[1], lorsqu'il développe sa thèse des puissances de l'âme comme accidents de sa propre substance[2]. L'on se gardera toutefois de trop insister sur

---

1. On trouvera une bonne présentation de la position de Thomas dans A. Forest, *La métaphysique du concret*, p. 258 *sq.* Concernant Thomas, ses œuvres et les grandes lignes de sa pensée, voir R. Imbach et A. Oliva, *La philosophie de Thomas d'Aquin.*

2. Le *Commentaire des Sentences* est remarquable dans cette optique : « [Deus] ipse solus est qui non agit per potentiam mediam differentem a sua substantia. In omnibus autem aliis operatio est accidens : et ideo oportet quod proximum principium operationis sit accidens, sicut videmus in corporibus quod forma substantialis ignis nullam operationem habet, nisi mediantibus qualitatibus activis et passivis, quae sunt quasi virtutes et potentiae ipsius. Similiter dico, quod ab anima, cum sit substantia, nulla operatio egreditur, nisi mediante potentia » (I, d. 3, q. 4, a. 2). Une certaine proximité se remarque alors avec la réflexion bonaventurienne, puisque Thomas nuance son affirmation de l'accidentalité des puissances en leur octroyant un statut particulier, en tant qu'elles dérivent, ou mieux découlent (*fluunt*), de l'essence même de l'âme ; cf. *Questiones disputatae de anima*, q. 2, arg 4 ; q. 11, arg. 17 ; q. 13, arg. 7 ; q. 19, resp. Sur cette thématique, voir C. Ehret, « The Flow of Powers ».

cette formule ; le « Docteur angélique » s'explique sur le sens de sa thèse, dans son traité *Des créatures spirituelles*, en nous prémunissant en effet d'une méprise ; il ne cherche pas à affirmer le caractère « accidentel » des puissances, mais prétend simplement les envisager à partir de la doctrine catégoriale, qui oppose l'accident à la substance : « les puissances de l'âme peuvent être dites des propriétés essentielles, non parce qu'elles sont des parties de l'essence, mais parce qu'elles sont causées par l'essence ; et ainsi, elles ne se distinguent pas de l'accident, qui est commun aux neuf genres, mais elles se distinguent de l'accident qui est un prédicat accidentel, qui n'est pas causé par la nature de l'espèce »[1]. En dépit de l'apparente opposition des thèses du dominicain Thomas et du franciscain Bonaventure, leurs positions ne s'avèrent pas radicalement divergentes, en ce que l'un et l'autre reconnaissent une dérivation des puissances à partir de l'âme, sans qu'il y ait pour autant césure. Reste que Thomas, prenant acte de cette dérivation, se satisfait de la conceptualité de l'accident pour penser les puissances psychiques, et refuse en ce sens de les identifier à l'essence de l'âme, à laquelle elles ne se laissent pas ramener[2]. Pour le dire d'un mot, à la différence

1. *De creaturis spiritualibus*, a. 11, ad 5um, éd. Brenet, p. 270 : « potentiae animae dici possunt proprietates essentiales, non quia sint partes essentiae, sed quia causantur ab essentia ; et sic non distinguuntur ab accidente quod est commune novem generibus : sed distinguuntur ab accidente, quod est accidentale praedicatum et non causatur a natura speciei. ».

2. Ce sera donc médiatement, entendons : par la médiation de puissances, que l'âme pourra agir. Ainsi Thomas oppose l'immédiateté du principe de l'être à la médiateté du principe d'action, celle-ci se faisant par l'intermédiaire d'un pouvoir : « (…) essentia ipsius animae est etiam principium operandi, sed mediante virtute. Principium autem essendi est immediate, quia esse non est accidens. » (*In Sententias*, I, d. 3, q. 4, a. 2, ad 2).

de Bonaventure, Thomas estime que l'être-en-provenance ne s'accompagne d'aucune réductibilité.

Le premier article de la question 77 de la première partie de la *Somme de Théologie*[1] propose une synthèse remarquable de la thèse des puissances de l'âme comme accidents, thèse que Thomas soutint sans doute jusqu'en 1269-1270 (jusqu'à son retour à l'université de Paris)[2]. La question posée porte sur l'identification de l'essence de l'âme à sa puissance. Une série d'arguments initiaux examine les raisons semblant conduire à répondre affirmativement : à un premier argument, augustinien, convoquant la simplicité de l'âme, succèdent des arguments convoquant la conceptualité aristotélicienne, en envisageant successivement l'être-puissance de la matière, la simplicité de la forme substantielle, enfin les puissances sensorielles et intellectives, avant que d'introduire (pour alors les refuser) les idées d'accident et de sujet. L'argument *contra* repose sur le constat d'une distinction pour marquer un écart entre l'âme et, non seulement ses puissances mais aussi ses actes. C'est dans cette perspective que pourra se déployer l'argumentation de Thomas pour soutenir que l'âme ne s'identifie pas à ses puissances. Dans sa « réponse », Thomas s'appuie en effet en premier lieu sur la corrélativité de la puissance et de l'acte[3], pour extraire la puissance de

1. Sur l'anthropologie développée par Thomas, voir R. Pasnau, *Thomas Aquinas on Human Nature*.
2. Pour une lecture chronologique des écrits de Thomas, voir P. Porro, *Thomas Aquinas*, en particulier, pour la thèse de l'accidentalité des puissances dans les *Quaestiones in De anima*, p. 248-249.
3. L'a. 11 du *De creaturis spiritualibus* distingue deux actualités, celle de l'œuvrer dite par rapport à la puissance, celle de l'être par rapport à l'essence ; la pluralité des actes révèle une pluralité des puissances, qui ne se concilie pas avec l'unité de l'essence de l'âme (éd. Brenet, p. 264). Thomas réinvestit un argument classique du débat ; voir le « sed contra »,

la substance : en Dieu seul, en effet, l'être et l'œuvrer coïncident[1]. Le statut créaturel de l'âme requiert de marquer la différence entre l'être et l'œuvre, donc aussi entre l'être et la puissance. Pour être ainsi réinvestie pour penser les puissances de l'âme, la conceptualité métaphysique de l'acte et de la puissance, présentés comme divisant l'étant, voit son sens infléchi en direction d'une analyse de l'agir. Les réponses aux arguments initiaux permettent alors de préciser la position à soutenir en instaurant une césure entre l'âme comme substance et ses puissances. Nous sommes ainsi invités à penser le rapport entre l'âme et ses puissances sur le modèle du rapport entre forme substantielle et forme accidentelle active. Refuser dès lors de faire des puissances l'essence de l'âme conduirait à y voir des accidents, sauf à introduire (comme l'esquisse alors Thomas) un troisième terme, intermédiaire entre substance et accident, celui de propriété[2], et à présenter donc les

de la question « si anima est suae potentie » dans le manuscrit de Douai, BM, 434, v. I, f. 70r (éd. Bienak, p. 205) : « *Potentiae cognoscuntur per actus*; ergo ubi diversi actus secundum essentiam et speciem, et diversae potentiae ».

1. Cf. *Lectura Romana in Ium Sententiarum*, I, d. 3, 3.4, resp., éd. Doyle, p. 120 : « Si determinetur secundum se, impossibile est quod substantia animae sit sua potentia. Semper enim oportet quod potentia et actus ad idem genus reducantur, et ideo diversitas potentiae accipitur secundum diversitatem actuum. Unde cum actus sint accidentaliter advenientes animae, impossibile est quod potentiae animae sint ipsa substantia animae. Et inde est quod in solo Deo sua potentia est sua substantia, quia suum operari est suum esse ». La *Lectura Romana* correspond à la *reportatio* d'un second commentaire au livre 1er des *Sentences*, donnée à Rome en 1265-1266.

2. Voir aussi *Quaestiones disputatae de anima*, q. 12, resp. : « potentiae animae non sunt ipsa essentia animae, set proprietates eius » ; q. 19, resp. : « Dicendum quod potentie anime non sunt de essentia anime, set proprietates naturales quae fluunt ab essentia eius ». Sur les puissances comme propriétés, voir déjà *In Sententias*, I, d. 3, q. 3, proemium.

puissances psychiques comme des propriétés naturelles[1].
Une nuance est ainsi apportée à la thèse de l'accidentalité
des puissances.

Une telle précision, ou atténuation, s'explique sans
doute par la prise de conscience de certaines difficultés
que ne manque de susciter l'idée que l'intellect ne serait
qu'un accident, dans le cadre de la discussion avec
l'averroïsme qu'engagea Thomas à partir de 1270[2]. De là,
la nécessité de revenir sur certaines thèses et de formuler
les linéaments d'une nouvelle anthropologie. Pour soutenir
que c'est bien « cet homme qui pense », l'intellect se
présentera non comme un simple accident, mais comme
constituant l'essence même de l'âme humaine. L'article 76
de la Iʳᵉ partie de la *Somme de théologie*, que l'on a pu
considérer comme ajouté après 1270, ou au moins remanié[3],
témoigne de cette évolution de Thomas qui voit alors dans
l'intellect (possible ou réceptif) la forme substantielle du
corps[4] : le principe par lequel nous intelligeons est la forme
du corps. Primordiale apparaît dès lors l'analyse du concept
d'acte premier : l'activité demande dans cette optique à
être référée à l'être-en-acte. La puissance intellective ne
s'interprète donc pas comme un accident, en vertu de sa
corrélation avec l'activité intellectuelle effective, mais tout
à l'inverse l'activité intellective demande à être rapportée

1. Sur le geste de Thomas dans cet article, voir A. de Libera,
Archéologie du sujet, t. I, p. 330 *sq.*
2. Thomas semble avoir pris conscience de certaines des difficultés
de sa thèse à son retour à Paris en 1269, comme cela s'esquisse dès les
Quaestiones de anima, q. 12, puis dans le *De spiritualibus creaturis*,
a. 11. Voir E.-H. Wéber, *Dialogue et dissensions…*, p. 255-274.
3. A. de Libera, *L'unité de l'intellect*, p. 36.
4. Voir aussi *De unitate intellectus*, *Summa contra gentiles*, II,
chap. 56-90 ; *Compendium theologiae*, chap. 85-87 ; *Expositio in De
anima*, III, 4-5 ; *Summa theologiae*, IIIa.

à l'essence de l'âme, à l'actualité par laquelle l'âme est âme : l'intellect constitue donc l'âme elle-même, c'est-à-dire sa forme. Le revirement par rapport à la thèse de l'accidentalité des puissances psychiques est notable.

Ayant fortement médité l'hylémorphisme aristotélicien, l'Aquinate apparaît sensible à la manière dont l'âme et le corps ne font qu'un[1]. À l'arrière-fond des thèses sur l'âme et l'intellect qu'il développe, se joue un travail d'interprétation d'Aristote. On notera à cet égard la convergence des thèses qu'il développe avec les explications qu'il propose du texte aristotélicien. Le commentaire au *De anima* s'appuie ainsi sur le livre VIII de la *Métaphysique* (H)[2] pour soutenir que le corps ne fait qu'un avec l'âme en tant qu'elle est sa forme[3]. Le commentaire de la *Métaphysique* propose une analyse similaire[4], et

1. Voir B. C. Bazan, « Esquisse d'une anthropologie philosophique », dans Thomas d'Aquin, *L'âme et le corps*, p. 7-113, p. 67-70.

2. 1045a7-b23.

3. *Sententia in De anima*, II, 1 : « Ostensum est enim in octavo metaphysicae quod forma per se unitur materiae, sicut actus eius ; et idem est materiam uniri formae, quod materiam esse in actu. Et hoc est etiam quod hic dicit, quod cum unum et ens multipliciter dicatur, scilicet de ente in potentia, et de ente in actu, id quod proprie est ens et unum est actus. Nam sicut ens in potentia non est ens simpliciter, sed secundum quid, ita non est unum simpliciter sed secundum quid : sic enim dicitur aliquid unum sicut et ens. Et ideo sicut corpus habet esse per animam, sicut per formam, ita et unitur animae immediate, inquantum anima est forma corporis ».

4. VIII, 5, n. 1767 : « Deinde cum dicit causa vero assignat causas erroris praedictorum ; dicens, quod causa quare talia posuerunt, est, quia inquirebant quid faciens unum potentiam et actum, et inquirebant differentias eorum, quasi oporteret eas colligari per aliquod unum medium, sicut ea quae sunt diversa secundum actum. Sed sicut dictum est, ultima materia, quae scilicet est appropriata ad formam, et ipsa forma, sunt idem. Aliud enim eorum est sicut potentia, aliud sicut actus. Unde simile est quaerere quae est causa alicuius rei, et quae est causa quod illa res

dénonce la quête d'une explication à « l'union » de l'âme et du corps en tant qu'elle repose sur l'idée que l'âme et le corps formeraient deux entités distinctes. Sans l'âme, il n'y a ainsi point de corps, ce que Thomas n'hésite d'ailleurs pas à affirmer : forme substantielle, l'âme intellective donne l'être absolument (*dat esse simpliciter*)[1], de sorte que l'on pourra dire que « c'est par l'âme que le corps est corps, qu'il est organique, et qu'il a la vie en puissance »[2].

Après Bonaventure et Thomas, la question des puissances de l'âme continue d'être largement disputée[3]. Après Henri de Gand (m. 1293), qui, en 1278, dans son *Quodlibet* III, q. 14, s'en prend à la thèse thomiste de l'accidentalité des puissances[4], nous avons encore un témoignage de la vivacité de ces débats[5] dans l'œuvre de Jean Duns Scot, le « Docteur subtil » (m. 1308). Celui-ci dialogue non pas directement avec Thomas, mais avec ses

---

sit una; quia unumquodque inquantum est, unum est, et potentia et actus quodammodo unum sunt. Quod enim est in potentia, fit in actu. Et sic non oportet ea uniri per aliquod vinculum, sicut ea quae sunt penitus diversa. Unde nulla causa est faciens unum ea quae sunt composita ex materia et forma, nisi quod movet potentiam in actum. Sed illa quae non habent materiam simpliciter, per seipsa sunt aliquid unum, sicut aliquid existens ».

1. *Summa Theologiae*, Ia, q. 76, a. 4, resp.

2. *Summa Theologiae*, Ia, q. 76, a. 4, ad 1um : « Et similiter dicitur quod anima est actus corporis etc., quia per animam et est corpus, et est organicum, et est potentia vitam habens. »

3. Le dominicain anglais Robert Kilwardby (m. 1279), *Quaestiones in Sententias*, I, q. 60, éd. Schneider, p. 171 développe l'idée d'une distinction rationnelle et modale : « dictae tres potentiae sunt id ipsum cum mente in essentia, sed differunt ratione et modo ».

4. Éd. Badius, f. 66-67. Voir E.-H. Wéber, *La personne humaine*, p. 260-273.

5. *Cf.* Guillaume de la Mare, *In Sententias*, I, d. 3, q. 7; Jean Peckham, *Questiones tractantes de anima*, q. 31-32.

contemporains, Gilles de Rome (Aegidius Colonna, m. 1316) et Godefroid de Fontaines (m. 1309)[1], qui reprennent des éléments centraux de la doctrine thomiste ; il dialogue en outre (et comme souvent) avec Henri de Gand[2]. Commentant à Paris dans les années 1302-1303 la distinction 16 du livre II[3] des *Sentences*[4], consacrée à la création de l'homme et à la manière dont il est image de

1. Plus probablement qu'avec Hervé de Nédellec, que suggérait l'édition Wadding, comme le remarque, pour des raisons de chronologie, J. Van den Bercken, dans sa traduction du texte.

2. Concernant Gilles et Henri, voir V. Cordonier et T. Suarez-Nani (éd.), *L'aristotélisme exposé.*

3. Après un premier livre consacré à Dieu, le livre II des *Sentences* de Pierre Lombard porte sur la créature.

4. Scot est l'auteur de trois commentaires des *Sentences* (*Lectura, Reportata parisiensia, Ordinatio*). Nous proposons ici une traduction de la *Reportatio Parisiensis*, II-A, d. 16, d'après le texte de l'édition Wadding (repris dans l'édition Vivès), tout en corrigeant certaines erreurs principalement à partir du mns Oxford, Balliol College, 205, mais aussi en nous appuyant sur le mns Worcester, F69. Nous ne prétendons pas proposer une édition critique, qui reste à faire. J. Van den Bercken a donné une traduction anglaise du texte, en s'appuyant sur le mns Worcester, F69. Par rapport à ce manuscrit, le mns Balliol, 205, a l'avantage de donner, dans le texte, un certain nombre de références. On comparera avec le texte parallèle de l'*Ordinatio*, ou *Opus Oxoniense* (Vivès, t. XIII, p. 21-59). Les recherches menées à l'occasion de l'édition critique ont établi que ce passage serait en réalité un ajout de Guillaume d'Alnwick, comme c'est le cas de plusieurs distinctions de ce même livre II (Vat. VIII, préface et p. 269, apparat critique). Sur ce texte, voir la traduction partielle par A. de Muralt, dans « Pluralité des formes et unité de l'être », p. 57-59, et le commentaire par E. Gilson, *Jean Duns Scot. Introduction à ses positions fondamentales*, p 501-510. Ajoutons que nous ne disposons pas, dans la *Lectura*, de commentaire de cette distinction. Concernant le texte des *Reportata*, voir S. Dumont, « John Duns Scotus's *Reportatio parisiensis* examinata… » et R. Cross, *Duns Scotus's Theory of Cognition*, p. 145-148. Sur l'évolution de Scot concernant l'identité de l'âme et de ses puissances, et le rôle de Guillaume d'Alnwick, voir J.H.L Van den Bercken, « John Duns Scotus in two minds about the powers of the soul ».

Dieu[1], Duns Scot s'interroge sur l'image de la Trinité en l'homme : consiste-t-elle en trois puissances distinctes ? Le cadre de la réflexion (le rappel de l'idée augustinienne de l'âme portant en elle, à titre de vestige, l'image de la Trinité divine[2]) implique la reconnaissance d'une unité fondamentale des puissances mentales, qui ne nie pas toute distinction, distinction à la fois des puissances entre elles et par rapport à l'essence même de l'âme[3]. Scot refuse fermement que les puissances de l'âme soient des parties ou des accidents, ou encore l'âme considérée sous un certain rapport : l'essence de l'âme est le principe unique des puissances diverses. Il y a donc bien distinction, mais non point une distinction réelle au sens absolu du terme[4]. Scot préfère reconnaître une distinction formelle : les puissances de l'âme sont à ses yeux formellement, ou quidditativement, distinctes entre elles et distinctes de l'essence de l'âme. S'arrêtant plus particulièrement sur l'intellect et la volonté, Scot explique qu'elles sont contenues unitivement dans l'essence de l'âme ; autrement dit, elles

1. Pierre Lombard cite ainsi Gn 1, 26 (*Sententiae*, II, d. 16, chap. 2, p. 406).

2. Voir à ce sujet O. Boulnois, *Être et représentation*, p. 216-218.

3. *Cf.* Thomas d'Aquin, *Quaestiones de anima*, a. 12, ad 6, qui insiste sur la nécessité de la distinction pour que l'âme puisse être reconnue image de la Trinité.

4. Une diversité se découvre donc, amenant à nuancer la simplicité de l'âme. De même, Guillaume de la Mare (lui aussi franciscain) n'hésite pas à penser les puissances comme des parties, et ainsi à reconnaître une diversité ; il renvoie alors à l'idée, classique chez les franciscains, de la multiplicité des formes : « Unde illae potentiae sunt partes formae ipsius animae, quia anima non est simplex, sed in anima sunt multae formae » (*In Sententias*, I, d. 3, q. 7, p. 84). Parties de l'âme, la mémoire, l'intelligence et la volonté ne s'identifient pas absolument à l'essence, sans en être radicalement différentes, à l'instar de la partie qui ne s'identifie pas au tout, ni n'en est autre (p. 84-85).

forment avec elle une entité réellement identique et une, à la manière de passions propres[1].

L'intellect et la volonté[2] : l'autorité d'Augustin, enjoignant de découvrir l'image de la Trinité dans ce que notre âme a de meilleur, semble bien indiquer que les puissances de l'âme ne se distinguent pas de l'âme, faute de quoi l'essence de l'âme serait meilleure que la puissance reconnue la meilleure (§ 1). Qu'Augustin apparaisse ainsi comme la première et principale autorité en faveur de l'identité ne doit pas nous étonner. Pourtant, ce sera bien à partir d'une conceptualité héritée d'Aristote que Scot va élaborer sa propre réponse, et critiquer l'idée d'une distinction réelle de l'intellect et de la volonté (§ 2-8) que promeuvent Godefroid de Fontaines et Gilles de Rome[3], deux grands défenseurs de la doctrine thomiste[4]. Godefroid

1. On a pu rapprocher la position de Scot de celle de franciscains antérieurs, notamment de Richard Rufus de Cornouailles. Voir ainsi R. Wood-Z. Toth, « *Nec idem nec aliud* » et l'annexe à la fin du volume.

2. On notera ici l'attention à la volonté, qui ne doit pas se confondre avec l'intellect. On sait comment Scot affirme sa noblesse, en ce qu'elle constitue une puissance indéterminée capable de se déterminer elle-même ; voir *Reportata parisiensia*, II, d. 25 (traduits avec les textes parallèles de la *Lectura* et de l'*Ordinatio* par F. Loiret, dans *La cause du vouloir*), ou encore les *Quaestiones in Metaphysicam*, IX, q. 15 (traduite par I. Lévi dans K. Trego, *De Boèce à Duns Scot. L'acte et la puissance*, Paris, Vrin, 2022). Scot reste ici peu disert ; il s'intéresse au statut ontique des puissances, sans qu'il y ait à se positionner sur le primat de l'intellect ou de la volonté.

3. Voir *Quodlibet*, III, 10, p. 157 : « quaelibet actio progredit ab essentia animae mediante potentia, quae realiter differt ab ipsa essentia ».

4. Gilles et Godefroid suivirent l'enseignement de Thomas à Paris dans les années 1269-1272. Sur Gilles et Godefroid, voir E.-H. Wéber, *La personne humaine*, p. 273-275 et p. 275-280. Sur Godefroid, voir plus largement J. F. Wippel, *The Metaphysical Thought of Godfrey of Fontaines*. Gilles et Godefroid représentent la « première voie » envisagée par Scot, celle d'une distinction réelle des puissances entre elles, et avec l'essence de l'âme – autrement dit, une voie thomiste. Scot envisage

s'appuie sur la diversité des effets pour refuser que l'âme en soit le principe immédiat, et la rapproche alors de la matière. Gilles voit les puissances comme des accidents invariables au principe des accidents variables. Ces deux auteurs insinuent donc une diversité réelle en l'âme, de sorte qu'elle n'agirait pas immédiatement, mais par la médiation de puissances, distinctes d'elle. La critique que Duns Scot effectue de ces positions le conduit à revenir sur les concepts de puissance et d'acte. Constatons en effet en premier lieu que la puissance se dit ou comme principe, passif ou actif, de l'étant, ou comme différence de l'étant (avec l'acte). Une telle distinction permet de montrer que, selon le sens que l'on donne à la puissance, il n'y a pas nécessairement lieu de poser une corrélation de la puissance et de l'acte, de sorte que la multiplicité des actes effectués impliquerait une multiplicité réelle des puissances opérantes. C'est en effet en un autre sens de la puissance qu'il est loisible de l'indexer sur l'acte. On pourra dès lors marquer l'écart entre la puissance et l'acte, et la rapprocher de l'âme. Scot revient en second lieu sur le concept d'acte : l'âme est acte, ce qui n'interdit pas de la découvrir comme puissance d'opérer. L'actualité de l'âme ne signifie donc pas qu'elle ne puisse être conjointement puissance. Notre subtil docteur ne se satisfait pas davantage de la position d'Henri, lequel affirme une distinction, non pas réelle, mais cependant relationnelle, et fait dès lors prévaloir

comme « seconde voie » l'idée d'une distinction réelle des puissances entre elles, mais non pas entre les puissances et l'essence de l'âme (§ 9) : c'est une voie bonaventurienne, puisque Bonaventure, comme on l'a vu, pense une réductibilité des puissances envers l'âme dont elles proviennent. Scot peut avoir en vue plus particulièrement des franciscains contemporains, tel Olivi, *In Sententias*, II, q. 54, éd. Jansen, t. II, p. 253. La « troisième voie » sera celle d'Henri de Gand : une distinction non pas réelle, mais relationnelle.

l'idée de « rapport » (*respectus*) : une telle position tendrait en effet à évincer la puissance (§ 10-13).

Affirmant l'immédiateté de l'acte, Duns Scot[1] soutient alors que l'intellect et la volonté ne constituent pas des puissances réellement distinctes de l'essence de l'âme (§ 17). Sa solution, on l'a dit, consiste à mobiliser l'idée de contenance unitive, qui permet de concilier identité et distinction (§ 18)[2]. Scot ne s'en tient dès lors pas à la conceptualité aristotélicienne, mais mobilise certains des concepts centraux de sa métaphysique, plus particulièrement l'idée de passions de l'étant et celle de distinction formelle. À l'instar, en effet, des passions de l'étant, les puissances de l'âme se distinguent formellement, mais non, à proprement parler, réellement, puisqu'elles n'ont pas le statut de choses (*res*) distinctes (§ 19). Arrêtons-nous un instant sur l'idée de distinction formelle que mobilise Scot d'une manière décisive, ici comme ailleurs[3]. À côté de la distinction réelle au sens strict du terme, qui concerne des choses (*res*) distinctes, et de la distinction rationnelle, Scot introduit en effet la distinction formelle. Cette dernière permet de penser la distinction de choses identiques, mais qui cependant, en vertu de leurs raisons formelles, donc de leurs quiddités respectives, se distingueraient réellement si elles étaient des choses réellement distinctes[4]. Elle n'est

---

1. La réponse propre de Scot se trouve aux § 14 *sq.*

2. Cf. *Reportata*, II, d. 1, q. 6, n. 14, Vivès, XX, 554 ; *Ord.*, II, d. 16, n. 17-18, Vivès, XIII, 43-44 ; *Ord.*, IV, d. 43, q. 3, n. 5, Vivès, XXII, 448. Voir J. Aertsen, *Medieval Philosophy as Transcendental Thought*, p. 424.

3. Voir A. B. Wolter, *The Transcendentals and their Function in the Metaphysics of Duns Scotus*, p. 21 *sq.* ; E. Gilson, *Jean Duns Scot*, p. 498-499 ; J. Blander, « Same as it never was ».

4. Voir ainsi *Ordinatio*, I, d. 2, q. 7, 407, Vat. II, 358 : « (…) haec realitas non est formaliter illa realitas, nec e converso formaliter, immo

donc pas forgée par notre intellect, mais précède l'intellection que nous nous en formons. La distinction formelle est donc réelle, quoiqu'elle ne marque pas la distinction entre des choses (*res*), mais plutôt entre des « réalités ». Une carte du réel se dessine ici : celui-ci ne se constitue pas seulement de substances et d'accidents, ni ne se divise uniquement en être en acte et en être en puissance, ni, par-delà l'étant, ne se cantonne au domaine des choses (*res*) pensables[1] ; il s'avère en outre riche de « réalités » (*realitates*), Scot donnant à ce terme une nouvelle portée en métaphysique[2]. Nuançons par conséquent la figure de Duns Scot, penseur de l'univocité du concept d'étant ; notre subtil docteur nous invite tout aussi bien à être attentif au foisonnement du réel.

On le voit donc : c'est en recourant à des concepts constitutifs de la métaphysique qu'il élabore que Scot résout la question de la distinction des puissances psychiques. C'est en métaphysique, plutôt que dans un traité de psychologie, que se joue, ultimement, le questionnement sur l'intellect et la volonté. Image (et pas seulement vestige) en l'homme de la Trinité, l'âme humaine se découvre partant au travers de puissances qui sont, en elle, un autre elle-même[3].

---

una est extra realitatem alterius – formaliter loquendo – sicut si essent duae res, licet modo per identitatem istae duae realitates sint una res. »

1. On le sait en effet, Scot hérite d'Avicenne un certain dédoublement de l'étant (*ens / mawjûd*) et de la chose (*res / shay'*).

2. Voir O. Boulnois, « L'invention de la réalité ».

3. Pour la reprise de ce questionnement chez un franciscain du début du XIVᵉ siècle, voir François de la Marche (m. 1344), *Quaestiones in Sententias*, IIA, q. 20, p. 136-179, et les analyses de T. Suarez-Nani, *La matière et l'esprit*, p. 310 *sq.*

BONAVENTURE, THOMAS D'AQUIN
JEAN DUNS SCOT

LES PUISSANCES DE L'ÂME

TEXTES LATINS ET TRADUCTIONS

IN SENTENTIAS, I, D. 3, P. 2, ART. 3, CONCL. [1]

85b| (…) Respondeo. Ad praedictorum intelligentiam notandum est, quod potentia naturalis dicitur dupliciter. Uno modo prout dicit modum existendi naturalis potentiae in subiecto, secundum quem dicitur subiectum facile vel difficile ad aliquid agendum; et sic naturalis potentia dicit modum qualitatis, ut patet et est generaliter in secunda specie qualitatis, ut patet, cum dicitur cursor et pugillator, quorum utrumque dicit facilitatem, quae consequitur modum existendi potentiae gradiendi vel resistendi sive agendi in subiecto. Alio modo potentia naturalis dicitur potentia naturaliter egrediens a subiecto. Et hoc potest esse dupliciter. Nam aliqua potentia egreditur a potentia cum accidente, ut **86a|** potentia calefaciendi. Ignis enim per suam substantiam non calefacit sine caliditate; et haec potentia non est alterius generis quam sit qualitas, a qua egreditur; unde potentia calefaciendi est in eodem genere cum caliditate. Alio modo dicitur naturalis potentia, quae naturaliter egreditur a substantia et

1. Éd. Quaracchi, t. I-1, 1882, p. 85-86.

COMMENTAIRE DES SENTENCES,
I, D. 3, P. 2, ART. 3, CONCL.

Je réponds[1]. Pour comprendre ce qui a été dit plus haut, il faut noter que la puissance naturelle se dit en un double sens. D'une première manière, en tant qu'elle dit le mode d'exister de la puissance naturelle dans un sujet, d'après lequel on dit du sujet que c'est facilement ou difficilement qu'il se rapporte à l'effectuation de quelque chose ; et c'est ainsi que la puissance naturelle dit un mode de la qualité et est généralement placée dans la seconde espèce de la qualité, comme il apparaît lorsqu'on parle du coureur ou du combattant[2] : pour ces deux, on renvoie à la facilité qui suit le mode d'exister de la puissance d'avancer ou de résister ou agir dans un sujet. D'une autre manière, la puissance naturelle dit la puissance provenant du sujet. Et ceci peut être d'une double manière. En effet, une certaine puissance provient de la substance avec un accident, comme la puissance de chauffer. En effet, le feu ne chauffe pas par sa substance sans la chaleur ; et cette puissance n'est pas d'un autre genre que la qualité dont elle provient ; de là la puissance de chauffer est du même genre que la chaleur. D'une autre manière, on dit puissance naturelle celle qui naturellement provient d'une substance

---

1. À la question : mémoire, intelligence et volonté sont-elles identiques en essence à l'âme ?

2. Bonaventure s'appuie ici sur Aristote, *Catégories*, chap. 8, 9b.

immediate, sicut potentia generandi quantum ad inductionem ultimae formae; et haec quidem non est laterius generis quam substantia, sed reducitur ad genus substantiae tanquam substantialis differentia.

Per hunc modum intelligendum est in potentiis animae. Nam uno modo contingit nominare potentias animae secundum primum modum, ut dicunt facilitatem, quae dicit mudum potentiae existendi in subiecto, sicut ingeniositas er tarditas : et haec quidem sunt in secunda specie qualitatis. Alio modo contingit nominare potentias, prout dicunt ordinem substantiae ad actum, qui est mediante aliqua proprietate accidentali, ut potentia syllogizandi, quae est in anima, cum habet habitum syllogizandi; et haec est in eodem genre, in quo est scientia syllogizandi, ut in prima specie qualitatis. Contingit iterum nominare potentias animae, ut immediate egreditur a substantia, ut per haec tria : memoriam, intelligentiam et voluntatem. Et hoc patet, quia omni accidente circumscripto, intellecto quod anima sit substantia spiritualis, hoc ipso quod est sibi praesens et sibi coniuncta, habet potentia ad memorandum et intelligendum et diligendum se. Unde iste potentiae sunt animae consubstantiales et sunt in eodem genere per reductionem in quo est anima. Attamen, quoniam egrediuntur ab anima – potentia enim se habet per modum egredientis – non sunt omnino idem per essentiam, nec tamen adeo differunt, ut sint alterius generis, sed sunt in eodem genere per reductionem.

immédiatement, comme la puissance d'engendrer quant à la production d'une forme ultime ; et celle-ci assurément n'est pas d'un autre genre que la substance, mais elle se laisse réduire au genre de la substance comme une différence substantielle.

De cette manière, il faut comprendre ce qui concerne les puissances de l'âme. En effet, d'une certaine manière, il arrive que l'on nomme les puissances de l'âme selon le premier mode, comme elles disent la facilité qui dit le mode d'exister de la puissance dans un sujet, comme l'ingéniosité et la lenteur d'esprit ; et celles-ci assurément relèvent de la seconde espèce de qualité. D'une autre manière, il arrive de nommer les puissances selon qu'elles disent l'ordonnancement de la substance vers l'acte, qui se fait d'une manière médiate par une certaine propriété accidentelle, comme la puissance de faire des syllogismes, qui se trouve dans l'âme, lorsqu'elle a l'*habitus* de faire des syllogismes ; et celle-ci dans le même genre dans lequel est la science du syllogisme, à savoir dans la première espèce de la qualité. Il arrive en outre de nommer les puissances de l'âme en tant qu'elles proviennent immédiatement de la substance, comme pour ces trois, la mémoire, l'intelligence et la volonté. Et ceci apparaît parce que, mis à part tout accident, étant entendu que l'âme est une substance spirituelle, par cela même qu'elle est présente à soi et jointe à soi, elle a une puissance de se remémorer, d'intelliger et de s'aimer. De là, ces trois puissances sont consubstantielles à l'âme et sont par réduction dans le même genre dans lequel se trouve l'âme. Mais cependant, puisqu'elles proviennent de l'âme (la puissance se tient en effet sur le mode d'un provenir), elles ne sont assurément pas identiques par essence, ni toutefois n'en diffèrent, comme si elles étaient d'un autre genre, mais elles sont dans le même genre par réduction.

Thomas d'Aquin

SUMMA THEOLOGIAE, I, Q. 77, A. 1

1. Ad primum sic proceditur. Videtur quod ipsa essentia animae sit eius potentia. 1. Dicit enim Augustinus, in IX de Trin., quod mens, notitia et amor sunt *substantialiter in anima, vel, ut idem dicam, essentialiter*. Et in X dicit quod *memoria, intelligentia et voluntas sunt una vita, una mens, una essentia*.

2. Praeterea, anima est nobilior quam materia prima. Sed materia prima est sua potentia. Ergo multo magis anima.

SOMME DE THÉOLOGIE, I, Q. 77, A. 1

1. Pour le premier point[1], on procède ainsi. Il semble que l'essence même de l'âme soit sa puissance. Augustin dit en effet au livre IX de *La Trinité* que l'esprit, la connaissance et l'amour sont « substantiellement dans l'âme, ou, pour dire la même chose, essentiellement »[2]. Il dit aussi au livre X que « la mémoire, l'intelligence et la volonté sont une unique vie, un unique esprit, une unique essence »[3].

2. En outre, l'âme est plus noble que la matière première. Mais la matière première est sa propre puissance. Donc bien davantage l'âme.

1. L'essence même de l'âme est-elle sa puissance ?.

2. *De Trinitate*, IX, IV, 5, BA XVI, 82 : « haec in anima exsistere et tamquam inuoluta euolui ut sentiantur et dinumerentur substantialiter uel, ut ita dicam, essentialiter, non tamquam in subiecto ut color aut figura in corpore aut ulla alia qualitas aut quantitas ». Les difficultés à recourir, pour Dieu notamment, mais aussi pour l'âme, au concept de *substantia* (terme qui en latin, indique un être sujet sous des accidents) conduisent Augustin à préférer le terme *essentia* comme traduction du grec *ousia* (*De Trinitate*, V, VIII, 9, BA XV, 446). « Essence » paraît au saint docteur « meilleur » (*melius*) que « substance » ; voir V, II, 3, BA XV, 428.

3. *De Trinitate*, X, XI, 18, BA XVI, 154 : « Haec igitur tria, memoria, intellegentia, uoluntas, quoniam non sunt tres uitae sed una uita, nec tres mentes sed una mens, consequenter utique nec tres substantiae sunt sed una substantia ».

3. Praeterea, forma substantialis est simplicior quam accidentalis, cuius signum est, quod forma substantialis non intenditur vel remittitur, sed in indivisibili consistit. Forma autem accidentalis est ipsa sua virtus. Ergo multo magis forma substantialis, quae est anima.

4. Praeterea, potentia sensitiva est qua sentimus, et potentia intellectiva qua intelligimus. Sed id quo primo sentimus et intelligimus est anima, secundum philosophum, in II de anima. Ergo anima est suae potentiae.

5. Praeterea, omne quod non est de essentia rei, est accidens. Si ergo potentia animae est praeter essentiam eius, sequitur quod sit accidens. Quod est contra Augustinum, in IX de Trin., ubi dicit quod *praedicta non sunt in anima sicut in subiecto, ut color aut figura in corpore, aut ulla alia qualitas aut quantitas, quidquid enim tale est, non excedit subiectum in quo est; mens autem potest etiam alia amare et cognoscere.*

6. Praeterea, forma simplex subiectum esse non potest. Anima autem est forma simplex, cum non sit composita ex materia et forma, ut supra dictum est. Non ergo potentia animae potest esse in ipsa sicut in subiecto.

3. En outre, la forme substantielle est plus simple que l'accidentelle ; on en a un signe : la forme substantielle n'augmente ni ne diminue en intensité, mais elle consiste en de l'indivisible. Or, la forme accidentelle est elle-même son propre pouvoir (*virtus*). Donc bien davantage la forme substantielle qu'est l'âme.

4. En outre, la puissance sensitive est ce par quoi nous sentons ; la puissance intellective ce par quoi nous intelligeons. Mais ce par quoi en premier lieu nous sentons et intelligeons est l'âme, selon le Philosophe, au livre II de *L'âme*[1]. Donc l'âme est ses propres puissances.

5. En outre, tout ce qui ne relève pas de l'essence de la chose est un accident. Si donc la puissance de l'âme est au-delà de son essence, il s'ensuit qu'elle est un accident. Cela va contre Augustin, au livre IX de la *Trinité*, où il dit que « les choses dites précédemment ne sont pas dans l'âme comme dans un sujet, comme la couleur ou la figure dans un corps, ou une autre qualité ou quantité ; tout ce qui est tel n'excède pas le sujet dans lequel il est ; mais l'esprit peut aussi aimer ou connaître d'autres choses »[2].

6. En outre, la forme simple ne peut être sujet[3]. Or l'âme est une forme simple, dès lors qu'elle n'est pas composée de matière et de forme, ainsi qu'on l'a dit plus haut[4]. La puissance de l'âme ne peut donc être en elle comme dans un sujet.

1. *De anima*, II, 2, 414a12.

2. *De Trinitate*, IX, IV, 4-5, BA XVI, 84 : « (…) non tamquam in subiecto ut color aut figura in corpore aut ulla alia qualitas aut quantitas. Quidquid enim tale est non excedit subiectum in quo est. Non enim color iste aut figura huius corporis potest esse et alterius corporis. Mens autem amore quo se amat potest amare et aliud praeter se. Item non se solam cognoscit mens sed et alia multa. »

3. Voir Boèce, *De Trinitate*, II, 18, éd. et trad. A. Tisserand, Paris, GF-Flammarion, 2000, p. 146.

4. *Summa Théologiae*, Ia, q. 75, a. 5.

7. Praeterea, accidens non est principium substantialis differentiae. Sed sensibile et rationale sunt substantiales differentiae, et sumuntur a sensu et ratione, quae sunt potentiae animae. Ergo potentiae animae non sunt accidentia. Et ita videtur quod potentia animae sit eius essentia.

Sed contra est quod Dionysius dicit, XI cap. Caelest. Hier., quod *caelestes spiritus dividuntur in essentiam, virtutem et operationem* Multo igitur magis in anima aliud est essentia, et aliud virtus sive potentia.

Respondeo dicendum quod impossibile est dicere quod essentia animae sit eius potentia ; licet hoc quidam posuerint. Et hoc dupliciter ostenditur, quantum ad praesens. Primo quia, cum potentia et actus dividant ens et quodlibet genus entis, oportet quod ad idem genus referatur potentia et actus. Et ideo, si actus non est in genere substantiae, potentia quae dicitur ad illum actum, non potest esse in genere substantiae. Operatio autem animae non est in genere substantiae ; sed in solo Deo, cuius operatio est eius substantia. Unde Dei potentia, quae est operationis principium, est ipsa Dei essentia. Quod non potest esse verum neque in anima, neque in aliqua creatura ; ut supra etiam de Angelo dictum est. Secundo, hoc etiam

7. En outre, l'accident n'est pas le principe d'une différence substantielle. Mais le sensible et le rationnel sont des différences substantielles, et ils sont pris du sens et de la raison, qui sont des puissances de l'âme. Les puissances de l'âme ne sont donc pas des accidents. Et il semble ainsi que la puissance de l'âme soit son essence.

Mais, contre cela, il y a ce que dit Denys, au chapitre XI de la *Hiérarchie céleste*[1], que les esprits célestes se divisent en essence, pouvoir (*virtus*) et opération. Donc bien davantage dans l'âme, autre l'essence et autre la vertu ou puissance.

Je réponds en disant qu'il est impossible de dire que l'essence de l'âme soit sa puissance, même si certains ont soutenu cela[2]. On montre cela d'une double manière, quant au présent. En premier lieu parce que, puisque la puissance et l'acte divisent l'étant et tout genre de l'étant, il convient de rapporter au même genre la puissance et l'acte. Et de ce fait, si l'acte n'est pas dans le genre de la substance, la puissance, qui est dite en vue de cet acte[3], ne peut relever du genre de la substance. Or, l'opération de l'âme n'est pas dans le genre de la substance, mais en Dieu seul, l'opération est sa substance. De là, la puissance de Dieu, qui est le principe de l'opération, est l'essence même de Dieu. Cela ne peut être vrai ni dans l'âme, ni dans quelque créature, comme cela a également été dit plus haut à propos de l'ange[4]. Deuxièmement, cela apparaît également

1. *Peri tès ouranias hierarkhias*, XI, 2, 284D, SC LVIII, 143.
2. On peut penser à Guillaume d'Auvergne.
3. Voir *Questiones disputatae de anima*, q. 13, resp. : « Dicendum quod potentia secundum id quod est, dicitur ad actum ; unde oportet quod per actum definiatur potentia, et secundum diversitatem actuum diversificentur potentiae ».
4. *Summa theologiae*, Ia, q. 54, a. 3.

impossibile apparet in anima. Nam anima secundum suam essentiam est actus. Si ergo ipsa essentia animae esset immediatum operationis principium, semper habens animam actu haberet opera vitae; sicut semper habens animam actu est vivum. Non enim, inquantum est forma, est actus ordinatus ad ulteriorem actum, sed est ultimus terminus generationis. Unde quod sit in potentia adhuc ad alium actum, hoc non competit ei secundum suam essentiam, inquantum est forma; sed secundum suam potentiam. Et sic ipsa anima, secundum quod subest suae potentiae, dicitur actus primus, ordinatus ad actum secundum. Invenitur autem habens animam non semper esse in actu operum vitae. Unde etiam in definitione animae dicitur quod est actus corporis potentia vitam habentis, quae tamen potentia non abiicit animam. Relinquitur ergo quod essentia animae non est eius potentia. Nihil enim est in potentia secundum actum, inquantum est actus.

Ad primum ergo dicendum quod Augustinus loquitur de mente secundum quod noscit se et amat se. Sic ergo notitia et amor, inquantum referuntur ad ipsam ut cognitam et amatam, substantialiter vel essentialiter sunt in anima, quia ipsa substantia vel essentia animae cognoscitur et amatur. Et similiter intelligendum est quod alibi dicit, quod sunt una vita, una mens, una essentia.

impossible dans l'âme. En effet, l'âme, selon son essence, est acte. Si donc l'essence même de l'âme était le principe immédiat de l'opération, ce qui a toujours l'âme en acte aurait des œuvres vitales, de même que ce qui a toujours l'âme en acte est doué de vie (*vivum*). En effet, en tant qu'elle est forme, elle n'est pas un acte ordonné à un acte ultérieur, mais elle est le terme ultime de la génération. De là, qu'elle soit encore en puissance par rapport à un autre acte, cela ne lui convient pas selon son essence, en tant qu'elle est forme, mais selon sa puissance. Et ainsi l'âme elle-même, selon qu'elle se tient sous sa puissance, est dite acte premier, ordonné à un acte second. Or on trouve que ce qui a une âme n'est pas toujours en acte quant à ses œuvres vitales. De là, même dans la définition de l'âme, on dit qu'elle est l'acte du corps ayant la vie en puissance[1], cette puissance n'écarte pas l'âme[2]. Il reste donc que l'essence de l'âme ne soit pas sa puissance. Rien n'est en effet en puissance selon l'acte, en tant qu'il est acte.

[En réponse] au premier point, il faut donc dire qu'Augustin parle de l'esprit selon qu'il se connaît et s'aime. Ainsi donc la connaissance et l'amour, en tant qu'ils se rapportent à lui comme connu et aimé[3], sont substantiellement et essentiellement dans l'âme, puisque la substance elle-même, ou essence de l'âme est connue et aimée. Et il faut comprendre d'une manière semblable ce qu'il dit là, qu'ils sont une vie, un esprit, une substance.

---

1. Aristote, *De l'âme*, II, 1, 412a27-28.
2. Aristote, *De l'âme*, II, 1, 412b25-26. Voir *Summa theologiae*, Ia, q. 76, a. 4, ad 1um.
3. Cf. *De creaturis spiritualibus*, a. 11, ad 1um, éd. Brenet, p. 268; *Quaestiones disputatae de anima*, a. 12, ad 5um.

Vel, sicut quidam dicunt, haec locutio verificatur secundum modum quo totum potestativum praedicatur de suis partibus, quod medium est inter totum universale et totum integrale. Totum enim universale adest cuilibet parti secundum totam suam essentiam et virtutem, ut animal homini et equo, et ideo proprie de singulis partibus praedicatur. Totum vero integrale non est in qualibet parte, neque secundum totam essentiam, neque secundum totam virtutem. Et ideo nullo modo de singulis partibus praedicatur; sed aliquo modo, licet improprie, praedicatur de omnibus simul, ut si dicamus quod paries, tectum et fundamentum sunt domus. Totum vero potentiale adest singulis partibus secundum totam suam essentiam, sed non secundum totam virtutem.

Ou, comme le disent certains[1], cette parole se vérifie selon la manière par laquelle le tout potestatif est prédiqué de ses parties[2]. En effet, le tout universel est présent à chaque partie selon la totalité de son essence et de son pouvoir (*virtus*), comme l'animal à l'homme et au cheval, et de ce fait il est prédiqué d'une manière propre de chacune des parties singulièrement. Mais le tout intégral n'est pas dans chacune des parties, ni selon la totalité de l'essence, ni selon la totalité du pouvoir. Et de ce fait, en aucune manière, il n'est prédiqué de chacune des parties singulièrement ; mais d'une certaine manière, même si c'est improprement, il est prédiqué de toutes ensemble, comme si nous disions que le mur, le toit et les fondations sont la maison. Or, le tout potentiel est présent à chacune des parties singulièrement selon la totalité de son essence, mais non selon la totalité de son pouvoir.

---

1. Voir Albert le Grand, *In Sententias*, I, d. 3, a. 34 (éd. Borgnet, t. XXV, p. 140). Comme le signale O. Lottin, « L'identité de l'âme et de ses facultés », p. 208-209, n. 33, il ne s'agit pas d'une invention albertienne, mais elle se trouve préalablement, comme l'atteste le mns Vaticane, 782, ou encore Jean de la Rochelle, *Summa de anima* II, chap. 60, éd. J.-G. Bougerol, Paris, Vrin, 1995, p. 183.

2. Thomas d'Aquin distingue ici trois sens du « tout » ; voir déjà *In Sententias*, I, d. 3, q. 4, a. 2, ad 1, et *Lectura Romana in Ium Sententiarum*, I, d. 3, 3.4, éd. Doyle, p. 120, ainsi que *De creaturis spiritualibus*, a. 11, ad 2um, éd. Brenet, p. 268. Cette tripartition rappelle la quadripartition de Boèce, *De divisione*, PL LXIV, 887D-888D : continu, non continu, universel, « constitué de certains pouvoirs (*ex quibusdam virtutibus*). *Cf.* Pierre de Tarentaise, *In Sententias*, I, d. 3, q. 5, a. 2, Toulouse, 1652, p. 37. Notons que Thomas d'Aquin distingue également différents types de tout lorsqu'il envisage (Ia, q. 76, a. 8) la manière dont l'âme peut être présente aux parties du corps, sans que les tripartitions ne soient identiques ; ainsi parlait-il de tout essentiel, de tout quantitatif, et de tout « potentiel ». Le franciscain Guillaume de la Mare réinvestit ce « tout » potentiel, ou « virtuel » pour penser les puissances comme « parties » du tout qu'est l'âme (*In Sententias*, I, d. 3, q. 7, p. 84) ; *cf.* Jean Peckham, *Questiones tractantes de anima*, q. 32, éd. Spettmann, p. 204.

Et ideo quodammodo potest praedicari de qualibet parte; sed non ita proprie sicut totum universale. Et per hunc modum Augustinus dicit quod memoria, intelligentia et voluntas sunt una animae essentia.

Ad secundum dicendum quod actus ad quem est in potentia materia prima, est substantialis forma. Et ideo potentia materiae non est aliud quam eius essentia.

Ad tertium dicendum quod actio est compositi, sicut et esse, existentis enim est agere. Compositum autem per formam substantialem habet esse substantialiter; per virtutem autem quae consequitur formam substantialem, operatur. Unde sic se habet forma accidentalis activa ad formam substantialem agentis (ut calor ad formam ignis), sicut se habet potentia animae ad animam.

Ad quartum dicendum quod hoc ipsum quod forma accidentalis est actionis principium, habet a forma substantiali. Et ideo forma substantialis est primum actionis principium, sed non proximum. Et secundum hoc philosophus dicit quod *id quo intelligimus et sentimus, est anima.*

Ad quintum dicendum quod, si accidens accipiatur secundum quod dividitur contra substantiam, sic nihil potest esse medium inter substantiam et accidens, quia dividuntur secundum affirmationem et negationem, scilicet secundum esse in subiecto et non esse in subiecto. Et hoc modo, cum potentia animae non sit eius essentia, oportet quod sit accidens, et est in secunda specie qualitatis. Si vero accipiatur accidens secundum quod ponitur unum quinque universalium, sic aliquid est medium inter

De ce fait, d'une certaine manière, il peut être prédiqué de n'importe laquelle des parties, mais non proprement comme pour le tout universel. Et de cette manière Augustin dit que la mémoire, l'intelligence et la volonté sont l'essence une de l'âme.

[En réponse] au second point, il faut dire que l'acte en vue duquel est en puissance la matière première, est la forme substantielle. Et de ce fait, la puissance de la matière n'est pas autre que son essence.

[En réponse] au troisième point, il faut dire que l'action est du composé, comme également l'être ; en effet, il appartient à un existant d'agir. Or, le composé a par la forme substantielle d'être substantiellement, mais, par le pouvoir (*virtus*) qui suit la forme substantielle, il œuvre. De là, la forme accidentelle active se tient par rapport à la forme substantielle de l'agent (comme la chaleur par rapport à la forme du feu), de la même manière que la puissance de l'âme se tient par rapport à l'âme.

[En réponse] au quatrième point, il faut dire que le fait même que la forme accidentelle est principe d'action, elle le tient de la forme substantielle. Et de ce fait la forme substantielle est le principe premier de l'action, mais non le principe prochain. Et selon ceci, le Philosophe dit que « ce par quoi nous intelligeons et sentons est l'âme ».

[En réponse] au cinquième point, si on prend accident selon qu'il est opposé à la substance, alors il ne peut y avoir d'intermédiaire entre la substance et l'accident, puisqu'ils sont divisés selon l'affirmation et la négation, à savoir selon le fait d'être ou non dans un sujet. Et de cette manière, dès lors que la puissance de l'âme n'est pas son essence, il convient qu'elle soit un accident, et qu'elle relève de la seconde espèce de la qualité. Or, si l'on prend accident selon que l'on pose l'un des cinq universaux, quelque chose est ainsi un intermédiaire entre la

substantiam et accidens. Quia ad substantiam pertinet quidquid est essentiale rei, non autem quidquid est extra essentiam, potest sic dici accidens, sed solum id quod non causatur ex principiis essentialibus speciei. Proprium enim non est de essentia rei, sed ex principiis essentialibus speciei causatur, unde medium est inter essentiam et accidens sic dictum. Et hoc modo potentiae animae possunt dici mediae inter substantiam et accidens, quasi proprietates animae naturales. Quod autem Augustinus dicit, quod notitia et amor non sunt in anima sicut accidentia in subiecto, intelligitur secundum modum praedictum, prout comparantur ad animam, non sicut ad amantem et cognoscentem ; sed prout comparantur ad eam sicut ad amatam et cognitam. Et hoc modo procedit sua probatio, quia si amor esset in anima amata sicut in subiecto, sequeretur quod accidens transcenderet suum subiectum ; cum etiam alia sint amata per animam.

Ad sextum dicendum quod anima, licet non sit composita ex materia et forma, habet tamen aliquid de potentialitate admixtum ut supra dictum est. Et ideo potest esse subiectum accidentis. Propositio autem inducta locum habet in Deo, qui est actus purus, in qua materia Boetius eam introducit.

substance et l'accident. Puisqu'appartient à la substance tout ce qui est essentiel à la chose, mais tout ce qui est hors de l'essence ne peut ainsi être dit accident, mais seulement ce qui n'est pas causé à partir des principes essentiels de l'espèce. Le propre ne relève en effet pas de l'essence de la chose, mais il est causé à partir des principes essentiels de l'espèce ; de là il est un intermédiaire entre la substance et l'accident ainsi dit. Et de cette manière, les puissances de l'âme peuvent être dites intermédiaires entre la substance et l'accident, en étant comme des propriétés naturelles de l'âme[1].

Ce qu'Augustin dit, que la connaissance et l'amour ne sont pas dans l'âme comme des accidents dans un sujet, se comprend selon la manière précédemment indiquée, en tant qu'ils sont rapportés à l'âme, non comme aimant et connaissant, mais comme aimée et connue. Et de cette manière procède la preuve, puisque si l'amour était dans l'âme aimée comme dans un sujet, il s'ensuivrait que l'accident transcenderait son sujet, puisqu'il y a d'autres choses également aimées par l'âme.

[En réponse] au sixième point, que l'âme, bien qu'elle ne soit pas composée de matière et de forme, a cependant quelque chose, par potentialité, ajouté (*admixtum*), comme cela a été dit plus haut[2]. De ce fait, elle peut être sujet d'accident. La proposition concernée a son lieu en Dieu, qui est acte pur ; c'est dans ce contexte que Boèce l'allègue.

---

1. Cf. *De creaturis spiritualibus*, a. 11, resp., éd. Brenet, p. 264-266 ; *Quaestiones de anima*, a. 12, ad 7um.

2. *Summa theologiae*, Ia, q. 75, a. 4, ad 4um.

Ad septimum dicendum quod rationale et sensibile, prout sunt differentiae, non sumuntur a potentiis sensus et rationis; sed ab ipsa anima sensitiva et rationali. Quia tamen formae substantiales, quae secundum se sunt nobis ignotae, innotescunt per accidentia; nihil prohibet interdum accidentia loco differentiarum substantialium poni.

[En réponse] au septième point, il faut dire que le rationnel et le sensible, en tant qu'ils sont des différences, ne sont pas pris à partir des puissances du sens et de la raison, mais à partir de l'âme sensitive et rationnelle elle-même[1]. Cependant, puisque les formes substantielles, qui nous sont inconnues en elles-mêmes, se font connaître par les accidents, rien n'interdit que parfois on convoque les accidents au lieu des différences substantielles[2].

1. Cf. *Quaestiones de anima*, a. 12, ad 8um.
2. *De creaturis spiritualibus*, a. 11, ad 3um, éd. Brenet, p. 268

SUMMA THEOLOGIAE, IA, Q. 76, A. 1, CONCL.

Respondeo dicendum quod necesse est dicere quod intellectus, qui est intellectualis operationis principium, sit humani corporis forma. Illud enim quo primo aliquid operatur, est forma eius cui operatio attribuitur, sicut quo primo sanatur corpus, est sanitas, et quo primo scit anima, est scientia; unde sanitas est forma corporis, et scientia animae. Et huius ratio est, quia nihil agit nisi secundum quod est actu, unde quo aliquid est actu, eo agit. Manifestum est autem quod primum quo corpus vivit, est anima. Et cum vita manifestetur secundum diversas operationes in diversis gradibus viventium, id quo primo operamur unumquodque horum operum vitae, est anima, anima enim est primum quo nutrimur, et sentimus, et movemur secundum locum; et similiter quo primo intelligimus. Hoc ergo principium quo primo intelligimus, sive dicatur intellectus sive anima intellectiva, est forma corporis. Et haec est demonstratio Aristotelis in II de anima.

SOMME DE THÉOLOGIE, IA, Q. 76, A. 1, CONCL.

Je réponds[1] en disant qu'il est nécessaire de dire que l'intellect, qui est le principe de l'opération intellectuelle, est la forme du corps humain. En effet, ce par quoi en premier quelque chose opère est la forme de ce à quoi l'opération est attribuée ; ainsi, ce par quoi en premier lieu le corps est rendu sain est la santé, et ce par quoi en premier lieu l'âme sait est le savoir ; de là, la santé est la forme du corps, et le savoir, celle de l'âme. Et la raison de ceci est que rien n'agit si ce n'est selon qu'il est en acte ; de là, ce par quoi quelque chose est en acte, c'est par cela qu'elle agit. Or, il est manifeste que ce par quoi, en premier, le corps vit est l'âme. Et comme la vie se manifeste selon diverses opérations dans les degrés différents de vivants, ce par quoi, en premier, nous effectuons chacune de ces œuvres vitales, est l'âme ; l'âme est en effet ce par quoi, en premier lieu, nous nous nourrissons, nous sentons et nous nous mouvons selon le lieu, et semblablement ce par quoi en premier lieu nous intelligeons. Donc, ce principe par lequel nous intelligeons en premier lieu, qu'on le dise intellect ou âme intellective, est la forme du corps. Et ceci est la démonstration d'Aristote, au livre II de *De l'âme*[2].

1. A la question : le principe intellectif est-il uni au corps comme une forme ?
2. *De anima*, II, 2, 414a4 *sq.*

Si quis autem velit dicere animam intellectivam non esse
corporis formam, oportet quod inveniat modum quo ista
actio quae est intelligere, sit huius hominis actio, experitur
enim unusquisque seipsum esse qui intelligit. Attribuitur
autem aliqua actio alicui tripliciter, ut patet per
philosophum, V Physic., dicitur enim movere aliquid aut
agere vel secundum se totum, sicut medicus sanat; aut
secundum partem, sicut homo videt per oculum; aut per
accidens, sicut dicitur quod album aedificat, quia accidit
aedificatori esse album. Cum igitur dicimus Socratem
aut Platonem intelligere, manifestum est quod non
attribuitur ei per accidens, attribuitur enim ei inquantum
est homo, quod essentialiter praedicatur de ipso. Aut ergo
oportet dicere quod Socrates intelligit secundum se totum,
sicut Plato posuit, dicens hominem esse animam
intellectivam, aut oportet dicere quod intellectus sit aliqua
pars Socratis. Et primum quidem stare non potest, ut
supra ostensum est, propter hoc quod ipse idem homo
est qui percipit se et intelligere et sentire, sentire autem
non est sine corpore, unde oportet corpus aliquam esse
hominis partem. Relinquitur ergo quod intellectus quo
Socrates intelligit, est aliqua pars Socratis ita quod
intellectus aliquo modo corpori Socratis uniatur.

Or, si quelqu'un voulait dire que l'âme intellective n'est pas la forme du corps, il conviendrait qu'il trouve une manière par laquelle cette action qu'est l'intelliger soit l'action de cet homme ; chacun fait en effet l'expérience d'être lui-même celui qui intellige. Or, l'on attribue une certaine action à quelqu'un d'une triple manière, comme cela apparaît par le Philosophe, livre V de la *Physique*[1] ; on dit en effet mouvoir quelque chose ou agir, soit selon soi tout entier, comme le médecin guérit, soit selon la partie, comme l'homme voit au moyen de l'œil, ou par accident, comme l'on dit que le blanc construit, puisqu'il arrive au constructeur d'être blanc. Donc, lorsque nous disons que Socrate, ou Platon, intellige, il est manifeste que cela ne lui est pas attribué par accident ; cela lui est en effet attribué en tant qu'il est homme, ce qui est essentiellement prédiqué de lui-même. Donc, ou bien il convient de dire que Socrate intellige selon soi tout entier, comme Platon l'a soutenu, en disant que l'homme est l'âme intellective, ou il convient de dire que l'intellect est une certaine partie de Socrate. La première [thèse] ne se peut tenir, comme on l'a montré plus haut[2], pour la raison que c'est bien le même homme lui-même qui se perçoit intelliger et sentir ; or, sentir ne se fait pas sans le corps ; d'où il convient que le corps soit une certaine partie de l'homme. Il reste donc que l'intellect par lequel Socrate intellige soit une certaine partie de Socrate de sorte que l'intellect soit d'une certaine manière uni au corps de Socrate.

---

1. *Physique*, V, 1, 224a31 *sq.*
2. *Summa theologiae*, Ia, q. 75, a. 4.

Hanc autem unionem Commentator, in III de anima, dicit esse per speciem intelligibilem. Quae quidem habet duplex subiectum, unum scilicet intellectum possibilem; et aliud ipsa phantasmata quae sunt in organis corporeis. Et sic per speciem intelligibilem continuatur intellectus possibilis corpori huius vel illius hominis. Sed ista continuatio vel unio non sufficit ad hoc quod actio intellectus sit actio Socratis. Et hoc patet per similitudinem in sensu, ex quo Aristoteles procedit ad considerandum ea quae sunt intellectus. Sic enim se habent phantasmata ad intellectum, ut dicitur in III de anima, sicut colores ad visum. Sicut ergo species colorum sunt in visu, ita species phantasmatum sunt in intellectu possibili. Patet autem quod ex hoc quod colores sunt in pariete, quorum similitudines sunt in visu, actio visus non attribuitur parieti, non enim dicimus quod paries videat, sed magis quod videatur. Ex hoc ergo quod species phantasmatum sunt in intellectu possibili, non sequitur quod Socrates, in quo sunt phantasmata, intelligat; sed quod ipse, vel eius phantasmata intelligantur.

Cette union, le Commentateur, au livre III du *De l'âme*[1], dit qu'elle se fait par l'espèce intelligible. Celle-ci a assurément un double sujet, à savoir d'une part l'intellect possible, de l'autre, les phantasmes mêmes qui sont dans les organes corporels. Et ainsi, par l'espèce intelligible, l'intellect possible est joint[2] au le corps de cet homme-ci ou celui-là. Mais cette jonction ou union ne suffit pas à ce que l'action de l'intellect soit l'action de Socrate. Et ceci apparaît par la situation semblable que l'on rencontre dans le sens, à partir duquel Aristote procède jusqu'à la considération des choses qui relèvent de l'intellect. En effet, comme il est dit au livre III du *De l'âme*[3], les phantasmes se rapportent à l'intellect, comme les couleurs à la vue. Donc, de même que les espèces des couleurs sont dans la vue, de même les espèces des phantasmes sont dans l'intellect possible. Or, il est manifeste que, de cela que les couleurs, dont les similitudes sont dans la vue, sont sur le mur, l'action de la vue n'est pas pour autant attribuée au mur ; en effet, nous ne disons pas que le mur voit, mais plutôt qu'il est vu. Donc de cela que les espèces des phantasmes sont dans l'intellect possible, il ne s'ensuit pas que Socrate, dans lequel sont les phantasmes, intellige, mais que lui-même, ou ses phantasmes, sont intelligés.

---

1. Averroès, *In De anima*, III, 5, éd. Crawford, p. 400-403 (*L'intelligence et la pensée*, p. 69-72).

2. Le latin *continuatio* traduit l'arabe *ittiṣâl*, la jonction.

3. *De anima*, III, 7, 431a14 *sq*.

Quidam autem dicere voluerunt quod intellectus unitur corpori ut motor; et sic ex intellectu et corpore fit unum, ut actio intellectus toti attribui possit. Sed hoc est multipliciter vanum. Primo quidem, quia intellectus non movet corpus nisi per appetitum, cuius motus praesupponit operationem intellectus. Non ergo quia movetur Socrates ab intellectu, ideo intelligit, sed potius e converso, quia intelligit, ideo ab intellectu movetur Socrates. Secundo quia, cum Socrates sit quoddam individuum in natura cuius essentia est una, composita ex materia et forma; si intellectus non sit forma eius, sequitur quod sit praeter essentiam eius; et sic intellectus comparabitur ad totum Socratem sicut motor ad motum. Intelligere autem est actio quiescens in agente, non autem transiens in alterum, sicut calefactio. Non ergo intelligere potest attribui Socrati propter hoc quod est motus ab intellectu. Tertio, quia actio motoris nunquam attribuitur moto nisi sicut instrumento, sicut actio carpentarii serrae. Si igitur intelligere attribuitur Socrati quia est actio motoris eius, sequitur quod attribuatur ei sicut instrumento. Quod est contra philosophum, qui vult quod intelligere non sit per instrumentum corporeum. Quarto quia, licet actio partis attribuatur toti, ut actio oculi homini; nunquam tamen attribuitur alii parti, nisi forte

Certains[1] ont soutenu que l'intellect est uni au corps comme un moteur[2] ; et ainsi, de l'intellect et du corps, se fait une unique [entité], de sorte que l'action de l'intellect peut être attribuée au tout. Mais ceci est vain à de multiples titres. En premier lieu, assurément, parce que l'intellect ne meut pas le corps si ce n'est par l'appétit, dont le mouvement présuppose l'opération de l'intellect. Ce n'est donc pas parce que Socrate est mû par l'intellect que de ce fait il intellige, mais plutôt l'inverse : parce qu'il intellige, de ce fait Socrate est mû par l'intellect. En second lieu, parce que, comme Socrate est un certain individu dans la nature dont l'essence est une, composée de matière et de forme, si l'intellect n'est pas sa forme, il s'ensuit qu'il serait au-delà de son essence ; et ainsi l'intellect se rapportera à Socrate tout entier comme le moteur au mû. Or, intelliger est une action qui demeure dans l'agent, et qui ne passe pas dans une autre chose, comme la caléfaction. Intelliger ne peut donc être attribué à Socrate pour cette raison qu'il est mû par l'intellect. En troisième lieu, parce que l'action du moteur n'est jamais attribuée au mû si ce n'est comme instrument, comme l'action du charpentier à la scie. Si donc intelliger est attribué à Socrate parce que c'est l'action de son moteur, il s'ensuit qu'il lui est attribué comme à un instrument. Ceci va contre le Philosophe, qui veut qu'intelliger ne soit pas par un instrument corporel. En quatrième lieu, parce que, même si l'action de la partie est attribuée au tout, comme l'action de l'œil à l'homme, elle n'est toutefois jamais attribuée à une autre partie, si ce

1. Il s'agit plus particulièrement de Siger de Brabant ; voir en effet son *In III De anima*, q. 2, éd. Bazan, p. 6 (éd. Petagine, p. 88) : « intellectus est motor humanae speciei », et q. 8, éd. Bazan, p. 25 (éd. Petagine, p. 130) : « intellectus est movens corpus, vel motor in corpore ».

2. Voir *De unitate intellectus*, III, 66 *sq.*, et IV, § 85 *sq.*

per accidens, non enim dicimus quod manus videat, propter
hoc quod oculus videt. Si ergo ex intellectu et Socrate
dicto modo fit unum, actio intellectus non potest attribui
Socrati. Si vero Socrates est totum quod componitur ex
unione intellectus ad reliqua quae sunt Socratis, et tamen
intellectus non unitur aliis quae sunt Socratis nisi sicut
motor; sequitur quod Socrates non sit unum simpliciter,
et per consequens nec ens simpliciter; sic enim aliquid
est ens, quomodo et unum. Relinquitur ergo solus modus
quem Aristoteles ponit, quod hic homo intelligit, quia
principium intellectivum est forma ipsius. Sic ergo ex ipsa
operatione intellectus apparet quod intellectivum principium
unitur corpori ut forma. Potest etiam idem manifestari ex
ratione speciei humanae. Natura enim uniuscuiusque rei
ex eius operatione ostenditur. Propria autem operatio
hominis, inquantum est homo, est intelligere, per hanc
enim omnia animalia transcendit. Unde et Aristoteles, in
libro Ethic., in hac operatione, sicut in propria hominis,
ultimam felicitatem constituit. Oportet ergo quod homo
secundum illud speciem sortiatur, quod est huius operationis
principium. Sortitur autem unumquodque speciem per
propriam formam. Relinquitur ergo quod intellectivum
principium sit propria hominis forma. Sed considerandum
est quod, quanto forma est nobilior, tanto magis dominatur
materiae corporali, et minus ei immergitur, et magis sua
operatione vel virtute excedit eam. Unde videmus quod
forma mixti corporis habet aliquam operationem quae

n'est peut-être par accident ; nous ne disons pas en effet que la main voit, pour cette raison que l'œil voit. Si donc à partir de l'intellect et de Socrate se fait une unité de la manière dite, l'action de l'intellect ne peut être attribuée à Socrate. Mais, si Socrate est le tout qui est composé de l'union de l'intellect au reste de ce qui constitue Socrate, et que cependant l'intellect n'est pas uni aux autres constituants de Socrate si ce n'est comme moteur, il reste que Socrate ne soit pas un absolument, et par conséquent ne soit pas un étant absolument ; en effet, quelque chose est un étant de la manière qu'il est un[1].

Il reste donc le seul mode qu'Aristote pose, que cet homme-ci pense, puisque le principe intellectif est sa forme. Donc, ainsi, de l'opération même de l'intellect, il apparaît que le principe intellectif est uni au corps en tant que forme.

On peut rendre manifeste la même chose à partir de la raison de l'espèce humaine. En effet, la nature de chaque chose se montre par son opération. L'opération propre de l'homme, en tant qu'il est homme, est d'intelliger ; en effet, par celle-ci il transcende tous les êtres animés. De là, Aristote, au livre de l'*Éthique*[2], fit consister l'ultime félicité dans cette opération, comme étant l'opération propre de l'homme. Il convient donc que l'homme soit spécifié selon ce qui est le principe de cette opération. Il reste donc que le principe intellectif soit la forme propre de l'homme.

Mais il faut prendre en considération le fait que, plus la forme est noble, plus elle domine la matière corporelle, moins elle y est immergée, et plus elle l'excède par son opération et son pouvoir (*virtus*). De là, nous voyons que la forme d'un corps mixte a une certaine opération qui

---

1. Voir q. 76, a. 7, et *Sententia in De anima*, II, 1.
2. *Éthique à Nicomaque*, X, 7, 1177b24.

non causatur ex qualitatibus elementaribus. Et quanto magis proceditur in nobilitate formarum, tanto magis invenitur virtus formae materiam elementarem excedere, sicut anima vegetabilis plus quam forma metalli, et anima sensibilis plus quam anima vegetabilis.

Anima autem humana est ultima in nobilitate formarum. Unde intantum sua virtute excedit materiam corporalem, quod habet aliquam operationem et virtutem in qua nullo modo communicat materia corporalis. Et haec virtus dicitur intellectus. Est autem attendendum quod, si quis poneret animam componi ex materia et forma, nullo modo posset dicere animam esse formam corporis. Cum enim forma sit actus, materia vero sit ens in potentia tantum; nullo modo id quod est ex materia et forma compositum, potest esse alterius forma secundum se totum. Si autem secundum aliquid sui sit forma, id quod est forma dicimus animam, et id cuius est forma dicimus primum animatum, ut supra dictum est.

n'est pas causée à partir des qualités élémentaires. Et plus on avance dans la noblesse des formes, plus on trouve que le pouvoir (*virtus*) des formes excède la matière élémentaire; ainsi, l'âme végétative l'excède davantage que la forme du métal, l'âme sensible, davantage que l'âme végétative. Or, l'âme humaine est, parmi les formes, au degré ultime de noblesse. De là, en vertu de son pouvoir, elle excède à ce point la matière corporelle qu'elle a une opération et un pouvoir auxquels la matière corporelle ne communique en aucune manière. C'est ce pouvoir qui est appelé intellect.

Il faut prêter attention au fait que, si l'on soutenait que l'âme est composée de matière et de forme, on ne pourrait en aucune manière dire que l'âme est la forme du corps. En effet, puisque la forme est un acte, tandis que la matière est un étant en puissance seulement, en aucune manière ce qui est composé de matière et de forme ne peut être la forme d'autre chose, selon lui tout entier. Or, s'il était forme selon quelque chose de lui, ce qui est forme, nous l'appellerions âme, et ce dont il est forme, nous le dirions premier animé, comme on l'a dit plus haut[1].

---

1. *Summa theologiae*, Ia, q. 75, a. 5.

JEAN DUNS SCOT

REPORTATA PARISIENSIA, II, D. XVI[1]
QUAESTIO UNICA : UTRUM IMAGO TRINITATIS
CONSISTAT IN TRIBUS POTENTIIS ANIMAE
DISTINCTIS

[I] Circa distinctionem decimam sextam quaeritur primo : utrum imago Trinitatis in anima rationali consistat in tribus potentiis realiter distinctis ?

Quod sic: Personae Trinitatis sunt realiter distinctae; igitur in imagine potentiae repraesentantes illas personas erunt realiter distinctae.

Item, II De anima: « Potentiae distinguantur per actus, actus per obiecta »; sed actus intellectus et voluntatis sunt distincti realiter; igitur et potentiae.

Item, nisi sic esset, haec esset vera: «intellectus est voluntas», quia identitas realis sufficit ad istam veritatem, et tunc posset dici quod aliquis vult intellectu, et intelligit voluntate.

1. Éd. Vivès, vol. XXIII, Paris, 1894, p. 67-77. Voir aussi l'édition de H. Cavelle, Cologne, 1635, p. 240-245.

REPORTATIONS PARISIENNES, II, D. XVI
QUESTION UNIQUE. L'IMAGE DE LA TRINITÉ
CONSISTE-T-ELLE DANS LES TROIS PUISSANCES
DISTINCTES DE L'ÂME ?

[1] Au sujet de la seizième distinction, il est d'abord demandé si l'image de la Trinité dans l'âme rationnelle consiste en trois puissances réellement distinctes.

[Il semble] que ce soit le cas[1]. Les personnes de la Trinité sont réellement distinctes ; donc, dans l'image, les puissances qui représentent ces personnes seront réellement distinctes.

De même, au livre II de *L'âme*[2] : « Les puissances sont distinguées par les actes, et les actes par les objets ». Mais les actes de l'intellect et de la volonté sont réellement distincts ; donc les puissances le sont aussi.

De même, s'il n'en allait pas ainsi, cette [proposition] serait vraie : « l'intellect est la volonté », car leur identité réelle suffit pour que cela soit vrai ; et l'on pourrait donc dire que quelqu'un veut par l'intellect et intellige par la volonté.

1. Voir Thomas d'Aquin, *In Sententias*, I, d. 3, q. 3, proemium ; q. 4, a. 1, resp.
2. *De anima*, II 4, 415a 16-21 ; *Auctoritates Aristotelis*, éd. Hamesse, n. 56, p. 179.

Oppositum : Augustinus XIV De Trinitate: «Ibi inquirenda est imago Trinitatis, in quo nihil melius in nobis est». Sed si potentiae essent res aliae ab essentia, melius esset essentia quam potentia.

Item, anima per essentiam est immaterialis; igitur per essentiam intellectiva, et intellectualis, non igitur per aliud ab essentia est naturae intellectualis[1] ; et Proclus: « Quia immaterialis ideo conversiva supra se ». Igitur potentiae non realiter distinguuntur.

Item, memoria pertinet ad imaginem, quia repraesentat Patrem[2]; intelligentia, quia repraesentat Verbum, secundum Augustinum XIV De Trinitate 6 7 de parvis. Sed intelligentia et memoria non realiter distinguuntur, quia memoria perfecta est sufficiens principium intellectionis, tanquam actus primus. Sed actus primus et principium operationis non differunt realiter; igitur nec intellectus et voluntas sunt realiter distinctae[3].

---

1. Pour ce paragraphe, nous corrigeons le texte donné par Wadding, d'après le mns Balliol, 205, f. 247v.

2. Nous suivons la leçon de l'éd. Wadding, conforme au mns Worcester, F69, f. 107r. La leçon du mns Balliol, 205, f. 247v, semble fautive, qui porte : « memoria pertinet ad imaginationem, quia repraesentat Verbum secundum Augustinum … ».

3. Nous suivons à nouveau le mns Balliol, 205, f. 247v.

En sens contraire : Augustin, au livre XIV de *La Trinité*[1] : « Il faut rechercher l'image de la Trinité dans ce qui en nous n'a rien de meilleur ». Mais si les puissances étaient des choses (*res*) différentes de l'essence [de l'âme], l'essence serait meilleure que la puissance.

De même, l'âme par essence est immatérielle ; elle est donc par essence intellective et intellectuelle ; elle n'est donc pas de nature intellectuelle par autre chose que l'essence. Et Proclus dit que « parce qu'elle est immatérielle, elle se retourne sur soi »[2]. Les puissances ne sont donc pas réellement distinguées.

De même, la mémoire relève de l'image, parce qu'elle représente le Père ; l'intelligence, parce qu'elle représente le Verbe, selon Augustin aux chapitres 6 et 7, selon les petites divisions[3], du livre XIV de *La Trinité*[4]. Mais l'intelligence et la mémoire ne se distinguent pas réellement, car la mémoire parfaite est le principe suffisant de l'intellection, autant que son acte premier. Or l'acte premier et le principe de l'opération ne diffèrent pas réellement ; donc intellect et volonté ne sont pas réellement distincts.

1. *De Trinitate*, XIV, VIII, 11, BA XVI, 372
2. *Éléments de théologie*, prop. 44, éd. E. R. Dodds, Oxford, Clarendon, 1963, p. 46.
3. Scot cite Augustin en distinguant des chapitres *de parvis* et *de magnis*.
4. Au livre XIV, Augustin met en avant la détermination rationnelle ou intellectuelle de l'âme humaine pour la découvrir image de Dieu ; voir *De Trinitate*, XIV, IV, 6, BA XVI, 356 : « (…) ea est invenienda in anima hominis, id est rationali siue intellectuali, imago creatoris quae immortaliter immortalitati eius est insita » ; voir ensuite *De Trinitate*, XIV, VI, 8, BA XVI, 366, et VII, 10, BA XVI, 370 : « in tribus potius illis imago ista cognoscitur, memoria scilicet, intelligentia, voluntate ». C'est la créature dotée d'intelligence qui pourra ainsi être image de Dieu, ce pourquoi on privilégiera la trinité de la mémoire, de l'intelligence et de la volonté, voir Thomas d'Aquin, *Lectura Romana in Ium Sententiarum*, I, d. 3, 3.2, éd. Doyle, p. 116.

[II] Ad istam quaestionem dicitur quod saltem duae potentiae, scilicet intellectus et voluntas, sunt realiter duae distinctae, et hoc ponitur dupliciter. Prima via ponit quod realiter distinguuntur inter se, et ab essentia animae, sicut accidentia, quae sunt propriae passiones. Alia opinio ponit quod distinguuntur realiter inter se, sed non ab essentia animae.

Pro prima via arguitur : actus et potentia sunt eiusdem generis ; sed actus, ut intelligere et velle sunt de genere qualitatis ; igitur et potentiae. Secundo, anima secundum essentiam est actus, si potentia operandi non sit aliud ab essentia, igitur quamdiu est, semper operatur, quia sicut essentia est principium vivendi, sic est principium operandi secundum essentiam. Sicut igitur quamdiu anima est in corpore, compositum est unum, ita semper est operans. Et addit quod in quantum est essentia, est actus, sed in quantum actus non est in potentia, si non operatur, esset in potentia ad operari.

Alius Doctor arguit pro hac via sic : idem simplex creatum non potest esse principium causale[1] immediatum diversorum, et hoc secundum se ; sed diversae sunt

1. En lisant « causale », au lieu de « tale », dans le mns Balliol, 205, f. 248r (lecture qui renforce le renvoi à Godefroid). Voir aussi mns Worcester, F69, f. 107r.

[2] À cette question, il est dit qu'au moins deux puissances, l'intellect et la volonté, sont réellement deux [puissances] distinctes, et cela est posé doublement. La première voie pose qu'elles se distinguent réellement entre elles ainsi que de l'essence de l'âme, comme des accidents, qui sont des passions propres[1]. Une autre opinion[2] pose qu'elles se distinguent réellement entre elles, mais pas de l'essence de l'âme.

Pour la première voie, on argumente [ainsi] : acte et puissance sont du même genre ; or les actes tels qu'intelliger et vouloir sont du genre de la qualité, donc les puissances [correspondantes] également. Deuxièmement, l'âme selon son essence est acte ; si la puissance de l'opération n'est pas différente de l'essence, alors aussi longtemps qu'elle est, elle opère toujours, car, de même que l'essence est le principe de la vie, de même elle est principe de l'opération selon son essence. De même donc qu'aussi longtemps que l'âme est dans le corps, le composé est un, de même, l'âme opère toujours. Et l'on ajoute que, en tant qu'elle est essence, elle est acte ; mais en tant qu'elle est acte, elle n'est pas en puissance ; or, si elle n'œuvrait pas, elle serait en puissance d'œuvrer.

Un autre docteur[3] argumente pour cette [première] voie ainsi. Un même [étant] créé simple ne peut être le principe causal immédiat de divers [effets], et ce selon soi ; or les

---

1. C'est la position de Thomas et des thomistes contemporains de Scot comme Gilles de Rome ou encore Godefroid de Fontaines.

2. Voir Bonaventure, *In Sententias*, II, d. 24, p. 1, a. 2, q. 1, éd. Quaracchi, t. II, p. 559-560. *Cf.* Kilwardby, *Quaestiones in Sententias*, I, q. 61, éd. Schneider, p. 173.

3. Voir Godefroid, *Quodlibet*, VIII, q. 6, éd. Hoffmans, p. 65 : « impossibile autem est quod unum et idem secundum rem ens creatum per se et immediate sit principium causale diversarum operationum. » *Cf.* Hervé Nédellec, *Quodlibet*, I, q. 10.

operationes animae ; igitur, etc. Maior patet de materia, in qua minus videtur quod potentia receptiva est alia et alia diversorum effectuum. Licet enim materia remota sit eadem, requiritur aliud approprians materiam huic formae et illi ; igitur multo fortius idem operativum simplex secundum se, non potest esse principium immediatum diversorum.

[III] Alius Doctor ad idem, accidens variabile inest subiecto mediante accidente invariabili immediate ; igitur operationes variae insunt animae mediante potentia tanquam accidente invariabili. Antecedens patet quia maior differentia procedit in effectu a causa mediante minori differentia.

Addit alius Doctor : agens per essentiam semper agit ; igitur si anima ageret per essentiam, semper ageret ; igitur illud quo agit, et non semper, non est essentia.

Item, sicut essentia ad esse, ita potentia ad operari ; igitur permutatim, sicut esse ad agere, ita potentia ad essentiam ; sed in nullo citra Deum est esse agere ; igitur nec potentia essentia.

opérations de l'âme sont diverses ; donc, etc. La majeure est évidente à propos de la matière, dans laquelle il semble encore moins que la puissance réceptive varie selon la diversité de ses effets. Bien que la matière éloignée soit la même, il est requis autre chose pour approprier la matière à cette forme-ci ou à celle-là. Donc à plus forte raison, un étant simple qui opère selon lui-même ne peut pas, lui non plus, être le principe immédiat d'[effets] divers.

[3] Un autre docteur, pour cette même voie, dit qu'un accident variable est dans le sujet par la médiation d'un accident invariable [qui s'y trouve] sans médiation. Donc les opérations variées sont dans l'âme par la médiation d'une puissance comme d'un accident invariable[1]. La prémisse est manifeste : une différence plus grande dans l'effet procède d'une cause par la médiation d'une différence moindre.

Un autre docteur ajoute ceci : ce qui agit par essence agit toujours. Donc si l'âme agissait par essence, elle agirait toujours. Donc ce par quoi elle agit, sans que ce ne soit toujours, n'est pas son essence.

De même, comme l'essence se rapporte à l'être, la puissance se rapporte à l'opération. Donc, inversement, comme l'être se rapporte à l'agir, la puissance se rapporte à l'essence. Or, pour rien hormis Dieu, être n'est agir, donc la puissance n'est [pas non plus] l'essence.

---

1. Gilles de Rome, *Quodlibet*, III, 10, p. 158 : « actio quae est accidens non permanens (….) fluat mediante accidente permanente ; et illud accidens vocemus potentiam ».

Item, per auctoritates. Augustinus De spiritu et anima, Aristoteles in Praedicamentis, et Simplicius super capitulum 'de Qualitate', et Damascenus in Logica sua ponunt naturalem potentiam et impotentiam in secunda specie Qualitatis.

Item, Commentator I De anima : « Sicut pomum dividitur in colores, sic anima in potentias » ; color est accidens pomi.

Item, Augustinus XV De Trinitate 23 de magnis, videtur ponere quod memoria et intelligentia suscipiunt magis et minus ; igitur non sunt substantiae.

De même, par les autorités. Augustin dans le *De l'esprit et de l'âme*[1], Aristote dans les *Catégories*[2], Simplicius dans son commentaire du chapitre sur la qualité[3], et Damascène dans sa *Logique*[4] posent que la puissance naturelle et l'impuissance sont de la seconde espèce de qualité.

De même, le Commentateur, au livre I de *L'âme*[5] : « l'âme est composée de puissances comme le fruit est composé de couleurs » ; or la couleur est un accident du fruit.

De même, Augustin, au livre XV de *La Trinité*, chapitre 23 selon les grandes divisions[6], semble poser que la mémoire et l'intelligence sont susceptibles du plus et du moins ; donc ce ne sont pas des substances[7].

---

1. Le traité pseudo-augustinien *De spiritu et anima* (XIII, PL XL, 789) propose une division des puissances ou forces de l'âme, et s'interroge sur leur identité avec l'âme, ou au contraire le fait qu'elles soient accidentelles.

2. *Catégories*, 8, 9a14-16.

3. Simplicius, *In Categorias*, 8, CAG VIII, 242, trad. latine de Guillaume de Moerbeke, éd. A. Pattin, Leiden, Brill, 1971-1975, t. II, p. 332-333.

4. Jean Damascène, *De dialectica*, trad. latine de Robert Grosseteste, chap. 35, 3, éd. O. A. Colligan, Saint-Bonaventure, The Franciscan Institute, 1953, p. 35.

5. Averroes Latinus, *In Aristotelis de Anima*, I, comm. 92, éd. Crawford, p. 123, l. 28-29.

6. *De Trinitate*, XV, XXIII, 43, BA XVI, 538 : « Ista vero tria quae sunt in impari imagine, etsi non locis quoniam non sunt corpora, tamen inter se nunc in ista vita magnitudinibus separantur. Neque enim quia moles nullae ibi sunt ideo non videmus in alio majorem esse memoriam quam intelligentiam, in alio contra ; in alio duo haec amoris magnitudine superari sive sint ipsa duo inter se aequalia sive non sint. ».

7. Puisque la substance n'est pas susceptible de plus et de moins, d'après les *Catégories*, chap. 5, 4a-b.

Item Anselmus, De casu diaboli cap. 8, dicit quod potentia voluntatis non est essentia, quia voluntas non est substantia. Dicit enim : « Si potentiae non sunt substantiae, tamen non sunt nihil ».

Dico tamen quod illae rationes non concludunt[1].

Ad primam, dico quod potentia dupliciter accipitur. Uno modo pro principio entis, et sic dividitur in principium activum et passivum, ut patet V Metaphysicae.

[IV] Alio modo, ut potentia et actus sunt differentiae entis. Secundo modo potentia et actus sunt eiusdem speciei et individui, et idem numero, quia quod prius est potentia, et esse diminuto, postea est in actu, et habet esse simpliciter ; et sic accipiendo, minor est falsa, quia potentia

---

1. Nous suivons à nouveau le mns Balliol, 205, f. 248r.

De même, Anselme, au chapitre 8 de *La chute du diable*[1], dit que la puissance de la volonté n'est pas une essence, car la volonté n'est pas une substance. En effet, il dit ceci : « Si les puissances ne sont pas des substances, elles ne sont pas rien non plus ».

Je dis cependant que ces arguments ne sont pas probants.

[En réponse] au premier [argument][2], je dis que « puissance » peut se comprendre en deux sens. D'une première manière, comme principe de l'étant, et ainsi elle est divisée en un principe actif et un principe passif, comme cela appert aux livres V et IX de la *Métaphysique*[3].

[4] D'une seconde manière, [on comprend] que puissance et acte sont des différences de l'étant. Selon cette seconde manière, puissance et acte sont d'une même espèce et sont d'un même individu, et ils sont identiques numériquement. En effet, ce qui dans un premier temps est en puissance, et selon l'être diminué[4], est dans un second temps en acte, et a l'être absolument. Si l'on entend les choses ainsi, la mineure est fausse, car la puissance

---

1. Libre adaptation du *De casu diaboli*, 8, éd. F. S. Schmitt, Rome – Edimbourg, Nelson, 1938-1961, t. I, p. 245, l. 21-24, qui cherchait à découvrir un espace théorique pour des « essences » qui ne seraient pas pour autant des « substances », ce que serait la volonté : « Nec voluntatem nec conversionem voluntatis puto negari posse aliquid esse. Nam etsi non sunt substantiæ, non tamen probari potest eas non esse essentias, quoniam multæ sunt essentiæ præter illam quæ proprie dicitur substantia. »

2. Voir § 2.

3. *Métaphysique*, Δ, 12, 1019a32–b 2 ; Δ, 15, 1021a15-19 ; Θ, 1, 1046a9-13.

4. L'expression « être diminué » vient de la traduction gréco-arabe de la *Métaphysique* par Michel Scot (*Aristotelis Opera cum Averrois Commentariis*, Venise, Apud Junctas, 1562, t. VIII, f. 152A). Voir A. Maurer, « *Ens diminutum* : A Note on its Origin and Meaning », *Mediaeval Studies* 12, 1950, p. 216-222.

non erit postea actus suus, sed actus ille causatus, qui[1]
nunc habet esse simpliciter, prius fuit in potentia et habuit
esse diminutum. Si accipiatur in minore actus et potentia
pro principio activo et passivo, aequivocatio est. Si
accipiatur in maiore, quod potentia et actus sunt eiusdem
generis, pro principio operativo, et pro effectu, falsa est
maior. Si accipiatur principium operativum pro principio
activo vel passivo[2], quia nunquam est necesse principium
operativum esse eiusdem generis cum operato, quia non
est hoc necesse principio passivo, quia accidens immediate
recipitur in substantia, vel erit processus in infinitum.

Nec etiam est hoc verum de principio activo, quia
Aristoteles dicit VII Metaphysicae, quod « ad hoc quod
substantia fiat, necesse est substantiam praeexistere. Ad
hoc tamen, quod fiat quale, vel quantum, non est necesse »
quod quale praeexistat formaliter, sed tantum virtualiter.
Principium igitur activum potest esse alterius generis,
quam sit operatum.

Similiter secundum istum Doctorem, maior sua est
falsa, secundum istum intellectum, quia ipse ponit quod
accidentia sunt in anima, sicut in principio receptivo, et
non sunt eiusdem generis. Ponit etiam quod effluunt ab

---

1. Nous lisons « qui », et non « quae » ; voir mns Balliol College,
205, f. 248r.
2. Voir mns Balliol, 205, f. 248r.

ne sera pas ensuite son propre acte[1], mais cet acte causé, qui maintenant a l'être absolument, était d'abord en puissance, et avait un être diminué. Si l'on comprend dans la mineure « acte » et « puissance » comme « principe actif » et « principe passif », il y a équivoque. Si dans la majeure, [disant] que puissance et acte sont du même genre, on prend la première pour le principe opératif et l'autre pour l'effet, alors la majeure est fausse, que l'on comprenne le principe opératif comme étant le principe actif ou passif, car il n'est jamais nécessaire qu'il y ait un principe opératif du même genre que ce qui est opéré. En effet, ceci n'est pas nécessaire pour le principe passif, car l'accident est immédiatement reçu dans la substance, ou alors il y aura régression à l'infini. Mais cela n'est pas non plus vrai du principe actif, car Aristote dit au livre VII de la *Métaphysique* : « pour que la substance advienne, il est nécessaire que la substance préexiste. Mais pour que soit la qualité ou la quantité, il n'est pas nécessaire » que la qualité préexiste formellement, mais seulement virtuellement[2]. Donc le principe actif peut être d'un autre genre que ce qui est opéré.

De la même manière, suivant ce docteur[3], sa majeure est fausse, conformément à sa propre compréhension, car lui-même pose que les accidents sont dans l'âme comme dans leur principe réceptif, et ne sont pas du même genre qu'elle. Il pose même que les accidents découlent de

---

1. L'intellect ne sera pas ce qu'il intellige. *Cf.* mns Worcester, F69, f. 107r : « intellectus nunquam est intelligibile ».

2. *Métaphysique*, Z, 9, 1034b16-18, trad. G. de Moerbeke, AL XXV-3, 148 : « Sed proprium substantiae ex hiis accipere est quia necesse praexisterre semper alteram substantiam, actu existentem, quae facit ut animal si fit animal ; quale vero aut quantum non necessarium nisi potestate solum » (*cf.* AL XXV-2, 138).

3. L'attaque peut ici directement porter contre Thomas d'Aquin, lorsqu'il affirme que les puissances sont des accidents qui découlent (*fluunt*) de la substance et s'en distinguent.

essentia ; igitur est principium activum respectu potentiarum ; igitur de neutro principio operativo est maior sua vera, secundum ipsummet.

[V] Ad aliud, cum dicitur : anima secundum essentiam est actus ; igitur sicut est principium vivendi, est principium operandi. Verum est, uno modo sic, et alio non sic, quia quantum ad immediationem simile est, quantum ad aliud, dissimile, quia est principium operandi, non formaliter, sed effective, dicente Aristotele, V Metaphysicae : « Ars et aedificator ad idem principium reducuntur », respectu operationis, et est principium vivendi formaliter.

Ad aliud, cum additur, si secundum essentiam est actus, igitur ut sic non est in potentia, verum est, non est in potentia receptiva, potest tamen bene esse in potentia ad operari. Unde ratio ista aequaliter est contra eos, de potentia respectu actus recepti, quia potentia, quae dicitur intellectus possibilis, est in potentia respectu actus recepti, et tamen est actus animae, quia accidens est eius, et subiectum universaliter per formam substantialem est proprium receptivum

l'essence. Donc elle est le principe actif par rapport aux puissances. Donc sa majeure n'est vraie pour aucun des deux principes opératifs, d'après ce qu'il dit lui-même.

[5] [En réponse] à l'autre point, lorsqu'on ajoute que l'âme, suivant son essence, est acte, et que de même qu'elle est principe de vie, elle est donc principe d'opération[1], cela est vrai d'une certaine manière, mais faux d'une autre. En effet, quant à l'immédiateté ils sont semblables, mais autrement, ils sont dissemblables. En effet, l'âme est principe d'opération, non pas formellement, mais effectivement, comme le dit Aristote au livre V de la *Métaphysique*[2] : « L'art et l'architecte sont réduits au même principe » eu égard à l'opération ; et elle est formellement le principe de vie.

[En réponse] à l'autre point, lorsqu'on ajoute que, si, d'après son essence, l'âme est un acte, alors, comme elle n'est pas en puissance – ce qui est vrai –, elle n'est pas en puissance de recevoir, mais elle peut cependant très bien être en puissance d'opérer. De là, cet argument est également contre ceux [qui parlent] de la puissance par rapport à l'acte reçu. En effet, la puissance, qui est dite intellect possible, est en puissance par rapport à l'acte reçu, et cependant elle est un acte de l'âme, parce qu'elle en est un accident. Le sujet, par sa forme substantielle, est universellement le réceptacle propre

---

1. Voir § 2. Scot reprend en effet un à un les différents arguments allégués, § 2 et 3.

2. Cf. *Métaphysique*, Δ, 2, 1014a 9 et B, 2, 996b5-7 ; voir Thomas, *In Metaphysicam*, III, l. 4, n. 377 : « domus causa unde principium motus, est ars et aedificator »

passionis, et tamen per formam est in actu respectu unius, et in potentia respectu alterius ; sic nihil prohiberet aliquid esse in actu respectu unius, et in potentia respectu alterius.

[VI] Dices : « Intellectus nihil est eorum quae sunt ante intellegere » ; et Commentator, quod « intellectus se habet in genere intellegibilis, sicut materia respectu formarum sensibilium ».

Dico quod potentia ad accidens est in potentia secundum quid, et in actu, ideo esse in potentia ad formam accidentalem immediate concludit ipsum magis esse simpliciter quam in potentia. Unde si intellegere haberet potentiam sibi correspondentem, sequeretur quod tot essent potentiae intellectivae in homine, quot sunt intellegere in homine, quod est impossibile, secundum illud III Physicorum : « Si posse sanari et denotare essent idem, sanari et aegrotare essent idem ». Cum igitur intellegere sit actus accidentalis, sequeretur quod illud quod est in potentia proxima ad intellegere, est in actu simpliciter. Ideo ille

d'une passion, et cependant, par sa forme, il est en acte par rapport à un [acte] et en puissance par rapport à un autre. Ainsi rien n'interdit à quelque chose d'être en acte par rapport à un [acte] et en puissance par rapport à un autre[1].

[6] Tu diras que « l'intellect n'est rien avant d'intelliger »[2] ; et le Commentateur [ajouterait] que « l'intellect est dans le genre de l'intelligible comme la matière par rapport aux formes sensibles »[3].

Je dis que la puissance par rapport à un accident est en puissance relativement (*secundum quid*), mais qu'elle est en acte ; ainsi, être en puissance par rapport à une forme accidentelle conduit immédiatement à être soi-même absolument, plutôt qu'en puissance [seulement]. Dès lors, si [l'acte d']intelliger avait une puissance correspondante, il s'ensuivrait qu'il y aurait autant de puissances intellectives dans l'homme qu'il y a d'[actes d']intelliger dans l'homme, ce qui est impossible, conformément au livre III de la *Physique*[4] : « Si pouvoir être en bonne santé et pouvoir être malade étaient identiques, être en bonne santé et être malade seraient identiques ». Donc, comme intelliger est un acte accidentel, il s'ensuivrait que ce qui est en puissance prochaine d'intelliger est en acte absolument. C'est ainsi

1. Voir *Quaestiones in Metaphysicam*, IX, q. 14, et *Ordinatio*, I, d. 3, n. 512-523

2. Voir Aristote, *De anima*, III, 4, 429b30-31 ; *Auctoritates Aristotelis*, éd. Hamesse, n. 138, p. 185.

3. Averroès, *In De anima*, III, 5, éd. Crawford, p. 387-388, l. 27-32 : « Et cum ista est diffinitio intellectus materialis, manifestum est quod differt apud ipsum a prima materia, in hoc quod iste est in potentia omnes intentiones formarum universalium materialium, prima autem materia est in potentia omnes istae formae sensibiles non cognoscens neque comprehendens ».

4. *Physique*, III, 1, 201a 35-201b2

est intellectus propositionis Aristotelis, quod non potest intellectus intellegi ante intellegi aliorum, hoc est, non potest a se prius intelligi, quia non ante quodlibet phantasmatum, sed bene est intelligibile ante intellegere.

Per idem ad dictum quoddam Commentatoris, sicut materia est in potentia ad omnes formas de se, sic intellectus in genere intelligibilium a se, nihil est ante intellegere. Hoc non concludit, nisi quod non primo est intelligibile a se.

[VII] Ad aliud cum dicitur, idem simplex creatum non potest esse principium causale multorum, dico quod illud est falsum, loquendo de principio operativo, et etiam activo, tam in incorporalibus, sicut in corporalibus, quia essentia animae in se simplex est receptiva omnium potentiarum suarum, quae sunt diversae specie; igitur sicut ipse ponit simplex receptivum, ipse habet ponere ipsum esse principium causale diversorum.

Similiter in corporalibus ignis est calidus, siccus, et neutrum mediante altero. Sic materia est principium receptivum immediatum formarum distinctarum specie,

qu'il faut comprendre cette proposition d'Aristote, qui pose que l'intellect ne peut pas être intelligé avant que d'autres [objets] soient intelligés[1], c'est-à-dire que l'intellect ne peut être intelligé par soi d'abord, car il ne peut pas l'être avant un phantasme quelconque ; mais il est pourtant bien intelligible avant [l'acte d']intelliger.

Par ce même argument, on répond à un certain propos du Commentateur : de même que la matière est de soi en puissance toutes les formes, ainsi l'intellect dans le genre des intelligibles par soi, n'est rien avant l'[acte d']intelliger. Ceci ne conduit pas à une conclusion si ce n'est au fait qu'il ne soit pas en premier lieu intelligible par soi.

[7] [En réponse] à l'autre point, quand on[2] dit qu'un même [étant] créé simple ne peut pas être le principe causal d'une multiplicité, je dis que cela est faux, si l'on parle du principe opératif et même actif, tant dans les [étants] incorporels que dans les corporels, car l'essence de l'âme simple en soi est réceptive de toutes ses puissances, qui diffèrent selon l'espèce. Donc, de même qu'il pose lui-même un [étant] simple et réceptif, il doit lui-même poser qu'il est lui-même un principe causal d'[effets] divers.

D'une manière semblable, dans les [étants] corporels, le feu est chaud et sec, mais il n'est ni chaud ni sec par la médiation de l'autre. Ainsi la matière est le principe réceptif immédiat de formes distinctes par l'espèce[3].

---

1. *De Anima*, III, 4, 429b27-31.

2. Godefroid.

3. La discussion que Scot engage avec Godefroid et Gilles sur les puissances de l'âme invite à approfondir l'idée de puissance, laquelle se dit tout aussi bien pour les étants corporels. Se pose en particulier la question de la puissance qui se peut attribuer à la matière. *Cf.* Gilles de Rome, *Quodlibet*, III, 10, p. 160, qui distingue la puissance de la matière

quia illud quod est immediatum receptivum formae
substantialis, aut est materia sola, vel aliquid cum materia?
Si primo modo, habetur propositum. Si secondo modo,
cum totum illud quod est de essentia receptiva, in quantum
receptivum per se, includatur in producto, igitur duae
formae substantiales[1] erunt simul in eodem, quod tamen
ipse negat, accidens erit intra essentiam substantiae. Si
illud aliud, quod est cum materia immediatum receptivum,
non sit forma substantialis, sed accidens, igitur illud
approprians, quod ipse ponit, non erit pars immediate
receptivi.

[VIII] Ad aliud cum dicitur, accidens variabile recipitur
mediante invariabili, non videtur esse alia ratio, nisi quia
invariabile secundum se non potest esse immediatum
receptivum variabilitatis, quia si invariabile secundum se
posset immediate recipere accidens variabile, nulla
necessitas est ponere ipsum recipi mediante alio. Si autem
non possit, necessario sequitur processus in infinitum, ideo
ratio nihil valet.

---

1. Voir mns Balliol, 205, f. 248v.

En effet, ce qui est immédiatement réceptif d'une forme substantielle est-il la matière seule, ou bien quelque chose (*aliquid*) avec la matière ? Si c'est de la première manière[1], la proposition tient. Si c'est de la seconde manière[2], comme ce tout qui relève de l'essence réceptive, en tant que réceptif par soi, est inclus dans ce qui est produit, alors deux formes substantielles seront en même temps dans une même [chose], ce que cependant lui-même refuse, et l'accident sera intrinsèque à l'essence de la substance. Si ce [quelque chose] d'autre et d'immédiatement réceptif qui est avec la matière n'est pas une forme substantielle, mais un accident, alors ce qui approprie, comme lui-même le pose, ne sera pas une partie de ce qui reçoit immédiatement.

[8] [En réponse] à l'autre point, quand on[3] dit que l'accident variable est reçu par la médiation d'un [accident] invariable[4], il ne semble pas y avoir d'autre argument, sinon que l'invariable en soi ne peut être le réceptacle immédiat de la variabilité. En effet, si l'invariable en soi peut immédiatement recevoir un accident variable, il n'y a aucune nécessité de poser qu'il soit reçu par la médiation d'un autre. Mais si cela n'est pas possible, il s'ensuit nécessairement une régression à l'infini ; de ce fait, l'argument ne vaut rien.

---

en vue de l'être, laquelle s'identifie à la substance, et la puissance relative à l'agir, qui se distingue réellement (*realiter*) de la substance ; ainsi le feu sera dit agir par la médiation de la chaleur (*ibid.*, p. 159).

1. S'il s'agit de la matière seule.
2. S'il s'agit de quelque chose avec la matière.
3. Gilles.
4. Scot répond à présent aux arguments du § 3.

Ad aliud[1] dicit unus Doctor quod nihil agit per essentiam, nisi solus Deus et ipse semper agit. Vel potest dici quod per essentiam potest accipi dupliciter : Aliquando ut distinguitur contra illud, quod est per participationem ; aliquando ut distinguitur contra per accidens. Primo modo, dico quod nihil est per essentiam nisi Deus, quia omnis[2] et entitas creata est talis per participationem, et isto modo agens per essentiam semper agit. Secundo modo agens per essentiam, hoc est, non per accidens, non semper agit necessario.

Ad hoc est Avicenna VI Metaphysicae cap. 2, dicens quod « quaedam sunt virtutes activae secundum essentiam suam, quaedam non ».

Ad aliud cum dicitur, sicut essentia ad esse, ita potentia ad operari, falsum est, quia esse est idem realiter essentiae, operari vero est effectus potentiae ; sed haec est vera : Sicut essentia ad esse, sic potentia ad posse operari, et tunc permutando nullum inconveniens sequitur.

Ad auctoritates respondebitur inferius.

1. Voir mns Balliol, 205, f. 248v.
2. En suivant le mns Balliol, 205, f. 248v, qui omet « veritas ». Le mns Balliol, 205, f. 248v, ajoutait précédemment : « quia radius non est radius per essentiam isto modo ».

[En réponse] à l'autre point, un docteur[1] dit que rien n'agit par son essence, si ce n'est Dieu seul, et lui-même agit toujours. Ou bien l'on peut dire que « par essence » peut s'entendre en deux sens : parfois, par opposition à « par participation », parfois, par opposition à « par accident ». Au premier sens, je dis que rien n'est par essence, si ce n'est Dieu, car toute entité créée est telle par participation, et en ce sens, ce qui agit par essence agit toujours. Au second sens, ce qui agit par essence, c'est-à-dire non pas par accident, n'agit pas nécessairement toujours. Cela concorde avec ce que dit Avicenne au livre VI de la *Métaphysique*, chapitre 2 : « certaines vertus actives sont selon leur propre essence, certaines non »[2].

[En réponse] à l'autre point, quand on dit que, de même que l'essence se rapporte à l'être, de même la puissance se rapporte à l'opération, cela est faux. En effet, être est réellement identique à l'essence[3], alors qu'opérer est un effet de la puissance. Mais la proposition suivante est vraie : de même que l'essence se rapporte à l'être, de même la puissance se rapporte au pouvoir d'opérer, et donc en inversant les termes, rien d'incorrect ne s'ensuit.

Aux autorités, on répondra plus tard[4].

1. Voir Thomas, *Summa contra Gentiles*, II, 8, 6.

2. *Kitâb al-Shifâ'*, *Métaphysique*, VI, 2, § 14, éd. M. Marmura, Provo (Utah), Brigham Young University Press, 2005, p. 205, Avicenna Latinus, *Liber de philosophia prima*, Leiden, Peeters-Brill, 1980, t. II, p. 306 : « Iam autem agens erit per seipsum, et iam erit agens per virtutem ».

3. Contrairement à Thomas, Scot refuse la distinction réelle de l'être et de l'essence.

4. Voir § 20-21.

[IX] Pro seconda opinione arguitur, scilicet quod potentiae sint distinctae inter se, sed non ab essentia animae : quod potentiae sunt partes animae, ut habetur III De anima, 'De parte autem animae', etc.

Item, Boethius in Divisionibus : « Anima dividitur in potentiae sicut totum in partes ». Ad hoc videtur Augustinus XV De Trinitate, 7, et Anselmus De concordia, 19, quod « potentia sunt in anima, sicut in corpore membra ».

Contra istam viam videtur Augustinus IX De Trinitate, 5 : « Nulla pars complectitur totum cuius est » ; sed quaelibet istarum potentiarum partium complectitur totam essentiam animae.

Item, partes origine praecedunt totum ; potentiae non praecedunt essentiam animae.

[9] On argumente en faveur de la seconde opinion, à savoir que les puissances sont [réellement] distinctes entre elles, mais pas distinctes de l'essence de l'âme : les puissances sont des parties de l'âme, ainsi qu'il est dit au livre III de *L'âme*, à propos de la partie de l'âme[1]. De même, Boèce dans les *Divisions* : « l'âme est divisée en puissances comme un tout en parties »[2]. Augustin semble aller dans ce sens au livre XV de *La Trinité*, chapitre 7[3], ainsi qu'Anselme au chapitre 19 du *De la concorde*, quand il écrit que « les puissances sont dans l'âme comme les membres dans le corps »[4].

Augustin semble aller contre cette voie au livre IX de *La Trinité*, chapitre 5[5] : « aucune partie ne contient le tout dont elle est la partie ». Or n'importe laquelle des parties de ses puissances contient toute l'essence de l'âme.

De même, à l'origine les parties précèdent le tout ; or les puissances ne précèdent pas l'essence de l'âme.

1. *De Anima*, III, 9, 432a 22–432b7.
2. *De divisione*, éd. J. Magee, Leiden-Boston, Brill, 1998, p. 40 : « Sed non est anima horum genus sed totum, partes enim hae animae sunt, sed non ut in quantitate, sed ut in aliqua potestate atque virtute, ex his enim potentiis substantia animae jungitur. »
3. *De Trinitate*, XV, VII, 11, BA XVI, 446-448 : « Detracto etiam corpore si sola anima cogitetur, aliquid ejus est mens tamquam caput ejus vel oculus vel facies, sed non haec ut corpora cogitanda sunt. Non igitur anima sed quod excellit in anima mens vocatur. »
4. *De concordia*, III, 11, éd. Schmitt, t. II, p. 278-279 : « Sicut habemus in corpore membra et quinque sensus singula ad suos usus apta, quibus quasi instrumentis utimur, ut sunt manus aptae ad capiendum, pedes ad ambulandum, lingua ad loquendum, visus ad videndum : ita et anima habet in se quasdam vires, quibus utitur velut instrumentis ad usus congruos. Est namque ratio in anima, qua sicut suo instrumento utitur ad ratiocinandum, et voluntas, qua utitur ad volendum. Non enim est ratio vel voluntas tota anima, sed est unaquaeque aliquid in anima. »
5. *De Trinitate*, IX, IV, 7, BA XVI, 86 : « Sed nulla pars totum cujus pars est complectitur. »

Item, si sint partes, aut integrales, aut essentiales. Si integrales, igitur oportet dare aliud ab his, quibus sunt unum, quia partes integrales nunquam sunt unum per se, nisi aliud concurrat formale, ut patet in fine VII Metaphysicae. Si sint partes essentiales, igitur una perficit aliam, sicut actus potentiam, et tunc oportet dare unam potentiam, quae sit infimum perfectibile ab alia, et per consequens ipsa non est potentia operandi.

Dices, materia est receptivum respectu cuiuslibet, et nulla alterius[1]. Contra, igitur nulla istarum potentiarum erit magis dependens ab alia, quam sit ignis; sed erunt illae tres potentiae unus totus actus, quia impossibile est quod aliquid sit actus, et tamen quod non quodlibet eius sit actus, quia tunc posset compositum ex actu et potentia esse actus alterius.

[X] Tertia via est, quod non distinguitur realiter ab essentia animae, nec inter se re absoluta, sed tantum sunt distincta re relativa[2], quia anima non dicitur actus ex se[3],

---

1. L'édition Wadding introduit l'idée de « materia animae ». Nous corrigeons le passage d'après le mns Balliol, 205, f. 248v.

2. Voir mns Balliol, 205, f. 248v.

3. Nous corrigeons l'édition Wadding qui porte « extra », d'après le mns Balliol, 205, f. 248v.

De même, si [les puissances] étaient des parties, elles sont des parties intégrales ou essentielles[1]. Si elles étaient des parties intégrales, alors il faudrait qu'il y ait un autre qu'elles-mêmes, par lequel elles soient un [tout], car les parties intégrales ne forment jamais un [tout] par elles-mêmes, sinon lorsqu'un autre [élément], formel, y concourt, comme cela apparaît à la fin du livre VII de la *Métaphysique*[2]. Si elles étaient des parties essentielles, alors il faudrait que l'une achève l'autre, comme l'acte parfait la puissance, et il faudrait donc qu'il y ait une puissance qui soit au plus bas degré perfectible par l'autre, et par conséquent celle-ci ne serait pas une puissance d'opérer.

Tu diras : la matière est un réceptacle pour n'importe quoi, alors qu'aucune [des puissances ne peut en recevoir] une autre. Contre : donc, aucune de ces puissances ne sera davantage dépendante d'une autre, que dans le cas du feu ; mais ces trois puissances seront un acte tout entier, car il est impossible que quelque chose soit un acte, et cependant que chacune de ses [parties] ne soit pas un acte, puisqu'alors le composé d'acte et de puissance pourrait être l'acte d'un autre.

[10] La troisième voie soutient que les puissances ne sont pas réellement distinguées de l'essence de l'âme, ni distinguées entre elles selon une chose absolue (*re absoluta*), mais seulement selon une chose relative (*re relativa*)[3]. En effet, on ne dit pas que l'âme est, de soi, acte,

---

1. On distingue en effet les parties intégrales (comme le sont les membres du corps) et les parties essentielles (telles la matière et la forme, ou le genre et la différence). Voir ainsi Thomas d'Aquin, *Summa theologiae*, Ia, q. 8, a. 2, ad 3.

2. Voir ainsi *Métaphysique*, Z, 17.

3. Henri de Gand, *Quodlibet*, III, q. 14, f. 66-67.

quia IX Metaphysicae : « Potentia distinguitur per actus »,
et e contra ; igitur actus et potentia sunt relativa ; essentia
igitur animae considerata sub tali respectu, dicitur talis
potentia, et sic considerata sub alio respectu dicitur alia
potentia.

Quare autem determinatur anima ad tales respectus ?
Dicitur quod ad respectus organicos determinatur anima
per organa, sicut ad respectus, qui sunt ad potentiam
operativam activam, ut ad intellectum agentem, et
voluntatem, determinatur anima ex se, vel ex comparatione
ad obiectum, circa quod illae potentiae natae sunt agere ;
sed ad potentiam operativam et passivam, determinatur
anima per recepta, sicut intellectus possibilis determinatur
per speciem receptam. Ad hoc allegatur Augustinus IX
De Trinitate 5. quod potentia dicitur relative ; et De spiritu
et animae, « quia potentia est idem quod essentia ».

puisque livre IX de la *Métaphysique*[1] : « La puissance est distinguée par l'acte »[2], et inversement. Donc acte et puissance sont des relatifs. Donc si l'on considère l'essence de l'âme selon tel rapport (*respectus*) [particulier], on parlera de telle puissance [particulière], et si l'on considère l'essence de l'âme selon tel autre rapport, on parlera de telle autre puissance.

Mais pourquoi l'âme est-elle déterminée selon de tels rapports ? On dit que, pour les rapports organiques, l'âme est déterminée par les organes, de même que, pour les rapports relevant d'une puissance opérative active, comme l'intellect agent ou la volonté, l'âme est déterminée à partir d'elle-même[3] ou à partir de la comparaison à l'objet, autour duquel ces puissances sont destinées à agir. Mais, pour une puissance opérative et passive, l'âme est déterminée par ce qu'elle reçoit, comme l'intellect possible est déterminé par l'espèce reçue. À l'appui de cela, on allègue Augustin, livre IX de *La Trinité* (chapitre 5)[4] : on parle de puissance relativement (*relative*) ; et dans le *De l'esprit et de l'âme* : « la puissance est identique à l'essence »[5].

1. Voir la distinction des deux sortes d'acte, transitif à l'extérieur, ou immanent, *Métaphysique*, Θ, 8, 1050a30b-b1, *Auctoritates Aristotelis*, éd. Hamesse, n. 226, p. 134.

2. *De Anima*, II, 4, 415a 16-21 ; *Auctoritates Aristotelis*, éd. Hamesse, n. 56, p. 179.

3. Le mns Worcester F69, f. 107v, omet cet aspect, et ne parle que du rapport à l'objet.

4. *De Trinitate*, IX, IV, 6, BA XVI, 84 : « sed amans et amor aut sciens et scientia relative ad se dicantur »

5. Ps-Augustin, *De spiritu et anima*, XIII, PL XL, 789 : « Potentiae namque eius et vires idem sunt quod ipsa ». *Cf.* aussi *De spiritu et anima*, IV, PL XL, 782 : « Et haec omnia in anima nihil aliud sunt, quam ipsa, aliae et aliae inter se proprietates propter varia exercitia, sed una essentia rationis et una anima : proprietates quidem diversae, sed essentia una : secundum exercitia, multa sunt ; secundum essentiam vero, unum sunt in anima et idem quod ipsa. »

[XI] Sed illud non solvit quaestionem, quia non quaeritur de potentia, ut dicit respectum, seu pro intentione nominis, sed de principio per se et immediate. Potentia enim de se respectum dicit, et non absolutum, nisi connotando ; nunc autem impossibile est quod illud, quod est per se principium operandi, componatur ex respectu et fundamento, ex his enim nihil per se unum fit ; imo nec in divinis, ubi tamen[1] relatio transit per identitatem, quia utrumque tenet propriam actualitatem ; igitur multo fortius, ubi relatio non transit. Cum igitur per se principium operandi sit per se unum, impossibile est quod includat absolutum et respectivum.

Item, potentia, quae est per se principium operandi, est prius natura effectu, id est, operatione ; sed potentia cum respectu coassumpto, est simul cum effectu, quia sub illo respectu est correlativum respectu operationis.

[XII] Item, potentia passiva proxima non est respectus, nec respectum includens ; igitur nec activa. Antecedens patet, quia potentia passiva est per se pars compositi, quod est per se unum.

---

1. En lisant « tamen » (à la place de « tantum ») dans le mns Balliol, 205, f. 249r.

[11] Mais cela ne résout pas la question, puisqu'on ne s'interroge pas sur la puissance en tant qu'elle indique un rapport, ou sur la signification de ce terme, mais [on s'interroge] sur le principe par soi et immédiat[1]. La puissance dit de soi un rapport, et non pas quelque chose d'absolu, si ce n'est par connotation. Maintenant, il est impossible que ce qui est par soi principe de l'opération soit composé d'un rapport et d'un fondement. A partir de ceux-ci, il n'advient en effet rien d'un par soi. Ce n'est pas même le cas dans ce qui est divin, où la relation passe cependant par l'identité, car l'un comme l'autre garde une actualité propre. Cela vaut donc d'autant plus là où la relation ne passe pas. Comme le principe d'opérer par soi est un par soi, il est donc impossible qu'il comprenne [dans sa notion à la fois] ce qui est absolu et ce qui est en rapport (*respectivum*).

De même, la puissance, qui est un principe d'opérer par soi, est antérieure par nature à l'effet, c'est-à-dire à l'opération ; mais la puissance, avec le rapport qui lui est associé, est simultanée à l'effet. En effet, sous ce rapport, il est corrélatif par rapport à l'opération.

[12] De même, la puissance passive prochaine n'est pas un rapport et elle n'inclut aucun rapport ; elle n'est donc pas active. La prémisse est manifeste : la puissance passive est par soi une partie d'un composé, lequel est un par soi.

---

1. On s'interroge ce faisant, non tant sur la relation, que sur le fondement de la relation.

Item, ille Doctor ponit voluntatem nobiliorem intellectu realiter; sed cum idem sit fundamentum istarum potentiarum, et per ipsum, respectus est idem cum fundamento; igitur una potentia non est realiter[1] nobilior alia, quia fundamentum est penitus idem.

Item, intellectus et voluntas sunt idem in absoluto; igitur non variantur specie per respectum, quia cum sint idem absolute, si varientur per respectum obiecti alterius speciei supervenientem, igitur intellectus erit plures potentiae formaliter, et voluntas similiter, quia per respectum supervenientem obiecti alterius, et alterius speciei variabitur intellectus et voluntas, cum vult aliud et aliud, sicut intellectus a voluntate[2].

[XIII] Item, cum dicit quod per respectus organorum determinetur anima ad potentias organicas, illud est falsum, quia vires distinguunt organa, et non organa vires, sicut nobilius ignobilius, quia I De anima : « membra cervis non differunt a membris leonis, nisi quia anima ab anima ».

1. Nous lisons « realiter » (à la place de « realitas ») dans le mns Balliol, 205, f. 249r.
2. La fin du passage est omise dans Wadding; nous rectifions d'après le mns Balliol, 205, f. 249r.

De même, ce docteur[1] pose que la volonté est réellement plus noble que l'intellect. Mais comme le fondement de ces puissances est le même, et, comme, selon lui-même, le rapport au fondement est le même, une puissance n'est donc pas réellement plus noble que l'autre, car le fondement est absolument le même.

De même, intellect et volonté sont identiques dans l'absolu[2]. Ils ne vont donc pas changer d'espèce selon le rapport. En effet, puisqu'ils sont identiques absolument, s'ils changeaient d'espèce en fonction du rapport nouveau qu'ils entretiennent à un objet d'une autre espèce, alors l'intellect consisterait formellement en plusieurs puissances, et la volonté semblablement. En effet, selon le nouveau rapport entretenu avec un objet différent, et d'une espèce différente, l'intellect sera changé, ainsi que la volonté, quand elle veut une chose et une autre, de même que l'intellect [se différenciera] de la volonté.

[13] De même, quand il[3] dit que, par un rapport aux organes, l'âme est déterminée à ses puissances organiques, cela est faux. En effet, ce sont les forces qui distinguent les organes, et non pas les organes qui distinguent les forces, de même que ce qui est plus noble distingue ce qui l'est moins, puisque, d'après le livre I de *L'âme* : « les membres du cerf ne diffèrent pas des membres du lion, si ce n'est parce que l'âme de l'un diffère de l'âme de l'autre »[4].

1. À savoir Henri.
2. Puisque, selon Henri, la distinction ne serait que relationnelle.
3. Henri toujours.
4. Averroès, *In De Anima*, I, 53 (éd. Crawford p 75, l. 17-19) : « Membra enim leonis non differunt a membris cervi nisi propter diversitatem animae cervi ab anima leonis » ; *Auctoritates Aristotelis*, éd. Hamesse, n. 29, p. 176.

Item, cum dicit intellectum possibilem determinari per speciem receptam, repugnat sibi ipsi, quia ex intentione ipse negat species receptas in intellectu. Praeter hoc, nihil determinat intellectum possibilem nisi phantasma, secundum ipsum ; et similiter oportet eum concedere quod fundamenta sint indistincta, et formae erunt, cum sint idem re.

Et cum allegatur Augustinus IX De Trinitate, dico quod intellegit illa, de quibus loquitur, differre, sicut gignens et genitum ; et non loquitur solum de principio formali, sed de ipso gignente includente respectum, sed non possunt solae relationes distinguere absoluta realiter.

[XIV] Dico igitur ad quaestionem, quod paucitas est ponenda, ubi pluralitas non est necessaria ; et possibilitas, ubi non potest probari impossibilitas ; et nobilitas in natura, ubi non potest probari ignobilitas. Sed immediatio actus primi ad actum secundum nobilitas est, ut patet in Deo, et non potest probari quod impossibile est actum secundum esse immediate ab actu primo in creaturis, ut patet, cum rationes sint sophisticae hoc probantes ;

De même, quand il dit que l'intellect possible est déterminé par l'espèce reçue, il se contredit lui-même. En effet, suivant ce qu'il veut dire, lui-même nie que des espèces soient reçues dans l'intellect[1]. Mis à part cela, rien ne détermine l'intellect possible si ce n'est le phantasme, selon lui ; et il faut également qu'il concède que, si les fondements sont indistincts, les formes le seront aussi, puisqu'elles sont réellement identiques.

Et lorsqu'on allègue Augustin, livre IX de *La Trinité*, je dis qu'il a pensé que ces [puissances] dont on parle étaient différentes, comme ce qui engendre diffère de ce qui est engendré. Et on ne parle pas uniquement d'un principe formel, mais de cela même qui engendre et inclut le rapport ; mais les relations seules ne peuvent distinguer des [choses] réellement absolues.

[14] Je réponds[2] donc à la question que l'économie doit être posée, là où la pluralité n'est pas nécessaire, la possibilité doit être posée, là où l'on ne peut prouver l'impossibilité, et la noblesse doit être posée dans la nature, là où l'on ne peut prouver la bassesse. Or la noblesse consiste en l'immédiateté de l'acte premier à l'acte second, comme cela appert en Dieu ; et l'on ne peut prouver qu'il est impossible que l'acte second vienne immédiatement de l'acte premier dans les créatures, comme il apparaît au caractère sophistique des arguments qui le prouvent.

---

1. Sur cette question de la nécessité d'espèces, voir la discussion de Scot avec Henri dans la d. 3 du livre I, *Reportatio*, I-A, d. 3, q. 4, § 95 *sq.* éd. Wolter, t. I, p. 210 *sq.* pour la réponse de Scot, et § 89-91, p. 208-209, pour l'opinion d'Henri. Cf. *Ordinatio*, I, d. 3, p. 3, q. 1 (trad. G. Sondag, *L'image*).

2. Dans ces § 14 à 16, Scot insiste sur l'immédiateté de l'agir : la substance est le principe immédiat de ses actes. Il s'oppose ainsi à l'approche thomiste.

igitur magis est ponenda paucitas nobilitans naturam, quam pluralitas non necessaria, et non nobilitans eam.

Item, immediatius attingit agens finem, vel operans, si operatio sit per media, quanto pauciora sint media, quam si per plura ; igitur cum illo modo immediatius[1] possit creatura rationalis attingere finem suum, quam si ponatur potentiam mediare inter essentiam et operationem, igitur illud est melius.

[XV] Item, illa non est operatio propria alicuius, quae non recipitur immediate in ipso ; sed si intellectus et voluntas sint aliud ab essentia, videre Deum et diligere, non immediate recipiuntur in essentia animae, imo nec per se, quia si illae potentiae essent separatae ab essentia animae, sicut quantitas a subiecto, posset intellectus adhuc perfici visione beata, et sic accidens esset formaliter beatum, et non solum creatura rationalis ; igitur esto quod essentia animae, et illae potentiae coniungantur, tantum erit anima beata per accidens, sicut paries albus per superficiem. Ista itaque mediatio multum ignobilitaret naturam ; non autem est simile de operatione, quia contradictio est animam esse beatam, et non operatione.

Item, actus inferior anima rationali potest esse immediatum principium operandi, aliter esset processus in infinitum ; igitur illud non repugnat animae, quia non

---

1. Nous corrigeons le texte de l'éd. Wadding, qui porte par erreur « mediatius », d'après le mns Balliol, 205, f. 249r.

Donc il vaut mieux poser l'économie, comme ce qui ennoblit la nature, plutôt que la pluralité qui n'est pas nécessaire et ne l'ennoblit pas[1].

De même, lorsque l'opération est médiée, l'agent ou l'opérant atteint plus immédiatement sa fin quand les intermédiaires sont moins nombreux que s'il y en a beaucoup. Donc la créature rationnelle pourrait atteindre sa fin plus immédiatement de cette manière, que si l'on posait une puissance faisant médiation entre l'essence et l'opération ; ceci est donc meilleur.

[15] De même, celle-ci n'est pas l'opération propre [d'un agent], qui n'est pas reçue immédiatement en lui. Or, si l'intellect et la volonté étaient distincts de l'essence, voir Dieu et l'aimer ne seraient pas reçus immédiatement dans l'essence de l'âme ; bien au contraire ils n'y seraient pas par soi, car si ces puissances étaient séparées de l'essence de l'âme, comme la quantité l'est du sujet, l'intellect pourrait être parfait par la vision bienheureuse, et ainsi un accident serait formellement bienheureux, et pas seulement la créature rationnelle. Admettons donc que l'essence de l'âme et ces puissances sont conjointes ; l'âme ne sera bienheureuse que par accident, comme le mur n'est blanc que par sa surface. C'est pourquoi cette médiation rabaisserait beaucoup la nature. Mais il n'en va pas ainsi de l'opération, car il serait contradictoire que l'âme soit bienheureuse, mais pas par son opération.

De même, un acte inférieur à l'âme rationnelle peut être le principe immédiat de l'opération ; autrement il y aurait régression à l'infini. Donc cela n'est pas contradictoire pour l'âme, car cela ne contredit pas à la

---

1. Le « rasoir d'Occam » n'est pas le propre d'Occam, mais est un principe largement répandu aux XIIIe et XIVe siècles.

ratione perfectionis suae, cum conveniat imperfectiori ;
patet de calore et qualitatibus activis ; nec propter hoc,
quod esset imperfectionis in anima, quia convenit perfectiori,
ut Deo.

[XVI] Item, aliqua substantia generatur univoce, vel
saltem a substantia ; igitur forma substantialis erit
immediatum principium operandi, quia terminus formaliter
productus non potest esse nobilior ipso activo. Dices,
verum est, activum est substantia, sed agit mediante
accidente. Contra, in instanti generationis inducitur forma
substantialis immediate in materiam ; sed nullum accidens
attingit tale passivum ; igitur per nullum accidens medians
agit in instanti inductionis, sed immediate per formam
substantialem inducitur talis forma, et non est ibi
contradictio[1] ; igitur, etc.

[XVII] Dico igitur quod intellectus et voluntas non
sunt res realiter distinctae, sed potest sustineri, quod sunt
omnino idem re et ratione ; vel quod essentia animae omnino
indistincta re et ratione, est principium plurium operationum,
sine diversitate reali potentiarum, quae sint vel partes
animae, vel accidentia, vel respectus eius.

1. Nous lisons « contradictio » (mns Balliol, 205, f. 249v). L'édition
Wadding porte « gradus ».

raison de sa perfection alors même que cela convient à ce qui est plus imparfait. Cela est manifeste pour la chaleur et les qualités actives. Et ce n'est pas parce que cela relèverait d'une imperfection dans l'âme, puisque cela convient à ce qui est plus parfait, comme Dieu.

[16] De même, une substance est engendrée univoquement, ou en tout cas à partir d'une substance. Donc la forme substantielle sera le principe immédiat de l'opération, car le terme produit formellement ne peut pas être plus noble que cela même qui est actif. Tu diras : c'est vrai, ce qui est actif est la substance, mais elle agit au moyen des accidents. Contre cela : à l'instant de la génération, la forme substantielle est immédiatement produite dans la matière ; or aucun accident n'atteint un tel [principe] passif ; donc elle n'agit par aucun accident intermédiaire à l'instant de la production ; mais c'est immédiatement que, par la forme substantielle, est produite une forme telle, et il n'y a pas ici de contradiction ; donc, etc.

[17] Je dis donc que l'intellect et la volonté ne sont pas des choses (*res*) réellement distinctes, mais qu'on peut soutenir qu'ils sont entièrement identiques, réellement et rationnellement, ou que l'essence de l'âme, entièrement indistincte, réellement et rationnellement, est le principe de plusieurs opérations, sans qu'il y ait diversité réelle de puissances qui seraient ou bien des parties de l'âme, ou bien des accidents, ou bien des rapports[1].

---

1. Scot refuse ainsi les différentes positions précédemment envisagées.

Unde plura in effectu bene possunt esse ab uno in re,
quod est omnino idem illimitatum, et tamen principium
per se, et causa plurium, non ut ista includunt respectum,
et tunc potentiae secundum se nullam omnino habent
distinctionem, sed in quantum includunt respectus,
distinguuntur ratione ; sed ille respectus non est de ratione
principii operationis per se. Nec propter hoc sequitur quod
intellectus sit voluntas, quia illa non imponuntur principio
absolute, sed ut tali sub respectu. Ista via per rationem
improbari non potest, quia sicut prima causa, quae est
simpliciter[1] illimitata, est omnino eadem, et est principium
diversorum immediate, ita quod est illimitatum suo modo,
licet non simpliciter respectu istorum, omnino idem re et
ratione potest esse, quamquam producta sint diversa.

[XVIII] Quia tamen ista via non salvat tot auctoritates,
sicut potest alia, dico aliter quod potentiae non sunt
res alia, sed sunt unitive contentae in essentia animae.
De continentia unitiva loquitur Dionysius V De
divinis nominibus, quia continentia unitiva non est

---

1. Nous corrigeons conformément au mns Balliol College, 205,
f. 249v, qui porte « simpliciter ».

Voilà pourquoi la pluralité dans l'effet peut bien se faire à partir de ce qui est un dans la réalité, qui est entièrement identique et illimité, et cependant principe par soi et cause de plusieurs [effets], non pas que ceux-ci comprendraient un rapport et que les puissances de l'âme n'auraient donc d'elles-mêmes absolument aucune distinction, mais dans la mesure où ils comprennent des rapports, leur distinction est de raison. Or ce rapport ne relève pas de la raison du principe par soi de l'opération. C'est pourquoi il ne s'ensuit pas que l'intellect soit la volonté, car ils ne sont pas appliqués au principe absolument, mais sous un certain rapport. Cette voie ne peut être rationnellement infirmée, car de même que la cause première, qui est absolument illimitée, est entièrement identique à elle-même et est immédiatement le principe de divers [effets], de même ce qui est illimité à sa manière[1], bien que ce ne le soit pas absolument par rapport à ces [effets], peut être entièrement identique réellement et de raison, tout en ayant diverses productions.

[18] Cependant, comme cette voie ne sauve pas autant d'autorités que le peut une autre, je dis autrement que les puissances ne sont pas une chose autre [que l'essence], mais qu'elles sont unitivement contenues dans l'essence de l'âme. Denys parle de la contenance unitive au chapitre v des *Noms divins*[2]. En effet, la contenance unitive n'est pas

---

1. Comme l'est l'âme.
2. Ps.-Denys l'Aréopagite, *De divinibus nominibus*, V, 6 (PG III, 820C-820D, trad. M. de Gandillac, Paris, Aubier, 1943, rééd. 1980, p. 132), trad. Robert Grosseteste (éd. Ph. Chevalier, in *Dionysiaca*, vol. I, Paris-Bruges, 1937, p. 343) : « Et est ex ipsa, et in ipsa, et ipsum esse, et entium principia et entia omnia, et qualitercumque esse continentia, et haec irretentive et convolute et unitive ».

omnino eiusdem, ita quod idem omnino contineat se unitive, nec etiam omnino manentium distincte[1]; requirit igitur unitatem et distinctionem. Est igitur continentia unitiva duplex : uno modo sicut inferius continet superiora essentialia, et ibi contenta sunt de essentia continentis; sicut eadem est realitas, a qua accipitur differentia in albedine, et a qua genus proximum, ut color, et qualitas sensibilis, et qualitas, et quamquam essent res aliae, unitive continerentur in albedine. Alia est continentia unitiva, quando subiectum unitive continet aliqua, quae sunt quasi passiones, sicut passiones entis non sunt res alia ab ente, quia quandocumque detur[2] ipsa res, est ens vera et bona. Igitur vel oportet dicere quod non sint res aliae ab ente, vel quod ens non habet passiones reales, quod est contra Aristotelem IV Metaphysicae expresse. Nec tamen magis sunt tales passiones de essentia, nec idem quidditative[3], quam si essent res alia. Similiter non sunt potentiae idem formaliter, vel quidditative, nec inter se, nec etiam cum essentia animae, nec tamen sunt res aliae, sed idem

1. Nous corrigeons le texte de l'éd. Wadding d'après le mns Balliol, 205, 249v.

2. Nous suivons la leçon du mns Balliol, 205, f. 249v.

3. Nous suivons la leçon du mns Balliol, 205, f. 249v.

la contenance de ce qui est entièrement identique, de sorte que le même se contiendrait entièrement de manière unitive, ni même la contenance de ce qui demeure d'une manière distincte. Elle requiert donc l'unité et la distinction[1]. Donc, la contenance unitive est double. D'une première manière, de même que l'inférieur contient les [réalités] supérieures essentielles – là ce qui est contenu appartient à l'essence du contenant –, de même, par la même réalité (*realitas*), l'on comprend des différences selon la blancheur, et l'on comprend le genre le plus proche, c'est-à-dire la couleur, la qualité sensible, ainsi que la qualité : bien que ce soient là des choses différentes (*res aliae*), elles sont unitivement contenues dans la blancheur. Autre est la contenance unitive quand le sujet contient unitivement des [réalités] qui sont comme des passions, de même que les passions de l'étant (*passiones entis*) ne sont pas autre chose (*res*) que l'étant. En effet, à chaque fois que la chose elle-même (*res ipsa*) est donnée, c'est comme étant, vraie et bonne. Il convient donc de dire ou bien que ce ne sont pas des choses (*res*) différentes de l'étant, ou bien que l'étant n'a pas de passions réelles (*passiones reales*), ce qui va à l'encontre de ce que dit Aristote au livre IV de la *Métaphysique*[2]. Et pourtant de telles passions n'appartiennent pas davantage à l'essence [de la chose], ni ne sont identiques quidditativement, que si elles étaient une chose autre. Pareillement, les puissances ne sont pas formellement ou quidditativement identiques, ni entre elles, ni même avec l'essence de l'âme. Ce ne sont pourtant pas des choses différentes, mais d'une même

1. Cf. *Ordinatio*, IV, d. 46, q. 3, n. 74.
2. *Métaphysique*, Γ, 2, 1004b10-17.

identitate. Ideo talia habent talem distinctionem secundum rationes formales, qualem haberent realem distinctionem, si essent res aliae realiter distinctae.

[XIX] Principium igitur volendi et intelligendi immediatum est in secundo instanti naturae, et illa principia sunt unitive in essentia animae, quae est in primo instanti naturae, quasi passiones unitive contentae; et sic possunt auctoritates salvari, quae videntur dicere quod distinguuntur realiter, verum est, formaliter. Et sic dicuntur potentiae ebullire ab essentia animae, secundum Commentatorem X Ethicorum, et effluere ab essentia secundum communem opinionem. Et sic possunt salvari auctoritates Dionysii De divinis nominibus, et aliorum ponentium potentias esse medias inter formas substantiales et accidentales, et quod egrediuntur a substantia animae, ut virtutes possunt dici partes animae, quia natura dicit totam perfectionem continentis; et in hoc dicuntur partes, quia si anima non haberet nisi tantum unam potentiam, esset imperfectior quam nunc est. Et contenta non semper continent se mutuo,

identité. Pour cette raison, de telles [puissances] ont selon leurs raisons formelles, une distinction telle que ce serait une distinction réelle si ces puissances étaient des choses autres et réellement distinctes[1].

[19] Donc le principe du vouloir et de l'intelliger est immédiat en un deuxième instant de nature[2]. Ces principes sont unitivement dans l'essence de l'âme, qui existe en un premier instant de nature ; [ils y sont] comme des passions contenues unitivement. On peut sauver ainsi les autorités, qui semblaient dire que les puissances se distinguaient réellement[3] : cela est vrai formellement. Et l'on dit ainsi que les puissances proviennent de l'ébullition de l'essence de l'âme[4], selon le Commentateur au livre X de l'*Éthique*[5], et qu'elles s'écoulent à partir de l'essence, selon l'opinion commune[6]. On peut ainsi sauver les autorités de Denys dans les *Noms divins* et d'autres, qui posent que les puissances sont intermédiaires entre les formes substantielles et les accidents, et qu'elles débordent de la substance de l'âme, de sorte que les vertus peuvent être appelées des parties de l'âme. En effet, leur nature signifie la perfection totale de ce qui contient. En cela on peut parler de parties, car si l'âme n'avait qu'une seule puissance, elle serait plus imparfaite que ce qu'elle est maintenant. Et les [puissances] contenues ne se contiennent pas toujours

1. Cf. *Quaestiones in Métaphysicam*, IV, q. 2, § 143, OP IV, 354-355.

2. Scot recourt au concept d'« instants de nature » (distingués des instants temporels) pour décrire un ordre logique.

3. Voir § 1.

4. Ce vocabulaire de l'*ebullitio* se retrouve, en contexte néoplatonicien, conjointement à celui de l'émanation et du flux.

5. *Cf.* Michel d'Ephèse, *In Ethicam Nicomacheam*, X, 5, trad. latine Robert Grosseteste, éd. H. P. F. Mercken, Louvain, Publications universitaires, 1991, p. 378.

6. Le vocabulaire se rencontrait, on l'a dit, chez Thomas : les puissances s'écoulent (*fluunt*) de l'âme.

imo aliquando neutrum aliud; in divinis enim quamquam in supposito sint essentia et relatio, et essentia continet relationem, non tamen e contra. In proposito, nec intellectus continet voluntatem, nec e contra; ideo illa sunt idem identitate, quia in continente solum, non quia ipsa inter se sint sicut sunt attributa divina, non solum idem identitate[1], sed inter se. Similiter, quia quaelibet persona in divinis est intrinsece infinita, ideo perfecte continet intrinsece quamlibet perfectionem simpliciter, quae est in alia, non sic continet intelligentia memoriam. Unde oportet imaginem deficere a Trinitate, sicut declarat Augustinus XV De Trinitate cap. 7, quod « non est ita in imagine sicut in Trinitate ».

---

1. En omettant « in alio », conformément au mns Balliol, 205, f. 249v.

l'une l'autre, et même, parfois, aucune des deux ne contient l'autre. En effet, dans le divin, bien que dans le suppôt il y ait l'essence et la relation, et que l'essence contienne la relation, cependant l'inverse n'est pas vrai. En l'occurence, l'intellect ne contient pas la volonté, ni inversement [la volonté ne contient l'intellect]. De ce fait, ils sont d'une même identité, parce qu'elle se fait seulement par le contenant, et non parce qu'elles seraient entre elles comme sont les attributs divins, lesquels ne sont pas seulement d'une même identité, mais entre eux. Pareillement, parce que n'importe laquelle des personnes divines est intrinsèquement infinie, elle contient parfaitement et intrinsèquement toute perfection, [dite] de manière absolue, qui est en une autre [personne] ; l'intelligence ne contient pas ainsi la mémoire. C'est pourquoi il faut que l'image soit défaillante par rapport à la Trinité, comme le déclare Augustin au livre XV de *La Trinité*, chapitre 7[1], selon lequel ce n'est pas dans l'image de la Trinité comme c'est dans la Trinité même[2].

---

1. *De Trinitate*, XV, VII, 11, BA XVI, 448 : « Numquid autem possumus dicere trinitatem sic esse in deo ut aliquid Dei sit nec ipsa sit Deus ? Quapropter singulus quisque homo qui non secundum omnia quae ad naturam pertinent ejus sed secundum solam mentem imago Dei dicitur una persona est et imago est Trinitatis in mente. […] et tres personae [Trinitatis] sunt unius essentiae non sicut singulus quisque homo una persona. ». Cf. *De Trinitate*, X, x, 19, BA XVI, 156 : « impar imago (…), sed tamen imago ».

2. Scot maintient donc un écart entre le Créateur et sa créature, comme entre l'infini et le fini. L'image n'est qu'une image (une image imparfaite précisément), et ne saurait abolir la séparation ontologique entre l'étant infini, et la créature frappée de finitude.

[XX] Ad auctoritates pro prima opinione, dico quod aeque probabiles sunt ad oppositum. Unde Augustinus IX De Trinitate 5, quod « potentiae non sunt accidentia ». Et II De anima : « Si oculus esset animal, visus esset eius forma » ; igitur innuit quod potentia non sit differens realiter ab essentia, cum sit eius forma. « Et de dolabra, si esset res naturalis, acuties esset eius forma ». Et VII Metaphysicae, et IV Meteororum : « Unum quodcumque dicetur singulum, cum potest in operationem, cum non dicitur tale, nisi[1] aequivoce, ut patet de oculo eruto ». Sed propter amissionem accidentis non dicitur res talis[2] aequivoce.

Cum igitur dicatur in Praedicamentis quod sunt potentiae naturales in genere qualitatis, dico quod ista potentia, quae est in secunda specie qualitatis, est principium faciliter agendi, et non est potentia naturalis absolute, neque ad bene agendum, neque ad male, sed quaedam

---

1. Voir mns Balliol, 205, f. 250r.

2. Le mns Worcester, F69, f. 108v, ajoute à nouveau ici : « nisi », omis par le mns Balliol, 205, f. 250r. Nous choisissons la leçon du mns Balliol. En effet, il nous semble que Scot oppose la perte de l'accident, qui n'implique pas l'équivocité, à la perte d'un élément essentiel, qui elle conduit à l'équivocité : l'œil arraché ne fait plus son office d'œil.

[20] Aux autorités en faveur de la première opinion[1], je dis qu'elles sont également en faveur de l'opposé[2]. Ainsi Augustin écrit au livre IX de *La Trinité*, chapitre 5 que « les puissances ne sont pas des accidents »[3]. Et [on lit] au livre II de *L'âme* que « si l'œil était un animal, la vue serait sa forme »[4] ; il indique donc que la puissance n'est pas réellement différente de l'essence, comme elle est sa forme. « Et si la hache était une chose naturelle, le tranchant serait sa forme »[5]. Il en va de même au livre VII de la *Métaphysique*[6] ; ou encore au livre IV des *Météorologiques*[7] : « une [chose] singulière est dite être quoi que ce soit, quand elle le peut par l'opération, quand elle ne le peut pas, [elle n'est dite] telle que de manière équivoque, comme c'est manifeste avec un œil arraché ». Mais, à cause de la perte d'un accident, on ne dira pas une telle chose, de manière équivoque.

Donc, lorsqu'il est dit dans les *Catégories* que les puissances naturelles relèvent du genre de la qualité, je dis que cette puissance, qui est de la seconde espèce de la qualité, est le principe pour agir avec facilité. Ce n'est pas une puissance naturelle absolument, ni en vue de la bonne

1. Voir § 3.

2. Scot montre alors comment Augustin et Aristote n'ont pas conçu les puissances de l'âme comme des accidents. S'il est dès lors question de la puissance naturelle au chapitre 8 des *Catégories*, celle-ci ne s'entend pas au sens des puissances de l'âme.

3. *De Trinitate*, IX, IV, 5, BA XVI, 82-84 : « [admonemur] haec in anima exsistere et tamquam inuoluta euolui ut sentiantur et dinumerentur substantialiter uel, ut ita dicam, essentialiter, non tamquam in subiecto ut color aut figura in corpore aut ulla alia qualitas aut quantitas. »

4. *De Anima*, II 1, 412b18-19.

5. *De Anima*, II 1, 412b11-13.

6. *Métaphysique*, Z, 10, 1035b14-26.

7. *Meteorologicus*, IV, 12, 390a10-14. Voir *Auctoritates Aristotelis*, éd. Hamesse, p. 173.

facilitas ad utendum illa potentia. Et hoc dicit Aristoteles. Nam secundum istam dicitur aliquis cursor, vel pugillator, quia faciliter utitur potentia currendi, et sic agilitas et ingeniositas sunt tales potentiae in secunda specie qualitatis.

Ad aliud, cum dicit Commentator quod « anima dividitur in potentias, sicut pomum in saporem et colorem[1] », dico quod anima non est totaliter idem formaliter potentiae, nec tota perfectio animae explicatur per unam potentiam ; ideo quantum ad aliquid, est simile, et quantum ad aliquid, non.

[XXI] Ad aliud, cum dicit Augustinus quod « potentiae suscipiunt magis et minus », dico quod habilitates supradictae[2], quae sunt potentiae naturales, suscipiunt magis et minus, et illa[3] sunt accidentia de secunda specie qualitatis. Et hoc intelligit Augustinus. Vel potest dici quod ipse loquitur de potentiis, ut subsunt actibus suis, non ut in se sunt ; et hoc patet per eundem X, ubi dicit quod « sunt una mens et una substantia », et ideo illa inaequalitas, quam ponit XV De Trinitate est illarum, ut sunt sub actibus.

Ad Anselmum De casu diaboli, dico quod ipse non supponit ipsas non esse substantias, sed dicit quod etsi non sint substantiae, non tamen sunt nihil[4].

---

1. Nous corrigeons le texte de l'éd. Wadding, qui porte « calorem ». Voir en effet mns Balliol College, 205, f. 250r, qui dit bien « colorem ». *Cf.* § 3.

2. Et non « secundae » (leçon retenue par Wadding), voir mns Balliol, 205, f. 250r.

3. Nous corrigeons le texte de l'éd. Wadding (qui porte « alia ») d'après le mns Balliol, 205, f. 250r ; *cf.* le mns Vat. Lat., 13687, f. 152v. (*Reportatio*, II-B).

4. Nous suivons le texte de l'éd. Wadding. La leçon du mns Balliol, 205, f. 250r, glose le passage d'une manière en apparence peu utile et redondante.

action ni en vue de la mauvaise action, mais une certaine facilité dans l'usage de cette puissance. Et c'est ce que dit Aristote. En effet, selon celle-ci, on dit [de quelqu'un qu'il est] un coureur, ou un combattant, car il use facilement de sa puissance de courir ; ainsi son agilité et son ingéniosité sont de telles puissances relevant de la seconde espèce de la qualité.

[En réponse] à l'autre point, quand le Commentateur dit que « l'âme est divisée en puissances comme le fruit est divisé en saveur et en couleur », je dis que l'âme n'est pas totalement identique formellement à ses puissances, et que toute la perfection de l'âme ne s'explique pas par une seule puissance. Pour cette raison, la similitude vaut d'une certaine manière, mais pas d'une autre.

[21] [En réponse] à l'autre point, quand Augustin dit que « les puissances sont susceptibles du plus et du moins », je dis que les habiletés dont on a parlé précédemment, qui sont des puissances naturelles, sont susceptibles du plus et du moins, et ce sont des accidents de la seconde espèce de la qualité. Et c'est ce que pense Augustin. On peut aussi dire qu'il parle lui-même des puissances, en tant qu'elles supportent leurs actes, et non comme elles sont en soi. Et cela appert au livre X, où il dit qu'« elles sont un seul esprit et une seule substance »[1], et donc que leur variété (*inaequalitas*), établie au livre XV de *La Trinité*, porte sur le fait qu'elles supportent les actes.

À Anselme dans *La chute du diable*, je dis que lui-même ne suppose pas que [ces puissances] ne sont pas des substances, mais qu'il dit que même si elles ne sont pas des substances, elles ne sont pourtant pas rien.

1. *De Trinitate*, X, XI, 18, BA XVI, 154.

Ad auctoritates pro secunda opinione, cum dicitur quod « sunt partes animae », patet, quia dicuntur partes, quia nulla importat totam perfectionem animae. Per idem patet ad dictum Boetii, quod « dividitur sicut totum in partes », quia nulla capit totam perfectionem animae ; per praedicta patet ad Augustinum.

Ad Anselmum De concordia, cum dicit quod « sunt sicut in corpore membra », verum est ; aliqua est similitudo, tamen procedendo a corporalibus ad spiritualia, semper proceditur a majore pluralitate ad maiorem unitatem, ideo non est necesse esse tantam diversitatem in potentiis animae, quanta est in membris corporis.

[XXII] Dico igitur ad formam quaestionis, quod imago Trinitatis in anima rationali non consistit in potentiis animae realiter distinctis ; imago enim est repraesentativa totius. Et in hoc differt a vestigio, quod est repraesentativum partis quantitativae distinctae, et totius solum arguitive. Dico igitur quod anima repraesentat per essentiam,

Aux autorités en faveur de la seconde opinion, quand il est dit que [les puissances] « sont des parties de l'âme », cela est manifeste : on les appelle des parties, car aucune ne provoque toute la perfection de l'âme. De la même manière, cela apparaît en ce qui concerne ce que dit Boèce, que « [l'âme] est divisée comme un tout en parties », car aucune [puissance] n'assume toute la perfection de l'âme. Cela apparaît aussi dans ce qui a été précédemment répondu à Augustin.

À Anselme, dans *La concorde*, quand il dit que [les puissances] « sont comme les membres dans un corps », cela est vrai. Il y a quelque similitude. Cependant, quand on procède du corporel au spirituel, on procède toujours d'une plus grande pluralité à une plus grande unité. De ce fait, il n'est pas nécessaire qu'il y ait autant de diversité dans les puissances de l'âme, que dans les membres du corps.

[22] Je réponds donc sur la forme de la question que l'image de la Trinité dans l'âme rationnelle ne consiste pas dans des puissances de l'âme réellement distinctes. En effet l'image est représentative du tout. Et en cela elle diffère du vestige, qui est représentatif d'une partie quantitative distincte, et représentatif du tout seulement par inférence[1]. Je dis donc que l'âme représente par essence

1. Scot reprend la distinction image – vestige préalablement établie ; voir en effet *Reportatio*, IA, d. 3, q. 3, n. 78, éd. Wolter, t. I, p. 206 : « Dico ergo quod vestigium est expressa similitudo partis, scilicet secundum figuram et quantitatem, et sic arguitive et imperfecte repraesentat totum, ut si aliqua pars imaginis esset abscissa, adhuc repraesentat totum, licet imperfecte », et q. 7, n. 202, p. 244 : « Haec enim erat differentia inter vestigium et imaginem, quia vestigium repraesentat distincte partem et indistincte totum, et vestigium repraesentat per modum similis ; imago vero repraesentat distincte totum, et non tantum per modum similis, sed

et personas divinas quantum ad unitatem essentiae, et non similiter quantum ad Trinitatem personarum, nisi ut habet respectus diversos secundum ponentes tales respectus.

Vel potest dici quod anima secundum tres potentias repraesentat Trinitatem personarum quantum ad diversitatem formalem absque diversitate reali, ideo[1] minus est repraesentativa Trinitatis personarum, quam unitatis essentiae. Unde ut in potentiis, repraesentat unitatem sed ut in actibus, repraesentat talem distinctionem. In potentiis igitur est distinctio realis[2] virtualiter, non formaliter; in actibus distinctio realis formalis.

[XXIII] Ad primum principale, dico quod in anima absolute non est completa imago, nisi in radice. Sed anima posita sub tribus operationibus suis cum unitate suae essentiae repraesentat Trinitatem, et non per potentias realiter distinctas.

1. Mns Balliol, 205, f. 250r : « non ».
2. Voir mns Balliol, 205, f. 250r.

les personnes divines quant à l'unité de leur essence, mais pas d'une manière semblable quant à la Trinité des personnes, à moins qu'elle ait divers rapports selon ceux qui posent de tels rapports[1].

Ou bien on peut dire que l'âme, selon ses trois puissances, représente la Trinité des personnes concernant leur diversité formelle sans diversité réelle. Elle est donc moins représentative de la Trinité des personnes que de l'unité de l'essence. De là, dans ses puissances, elle représente l'unité, mais dans ses actes elle représente une telle distinction. Dans les puissances, il y a donc une distinction réelle virtuellement, mais pas formellement ; dans les actes, il y a une distinction réelle formelle.

[23] Au premier [argument] initial[2], je dis que dans l'âme, il n'y a pas absolument une image complète, si ce n'est à sa racine. Or, l'âme posée sous ses trois opérations avec l'unité de son essence représente la Trinité, mais pas par des puissances réellement distinctes.

---

per modum imitabilis ». Sur cette distinction de l'image et du vestige, voir déjà Thomas d'Aquin, *In Sententias*, I, d. 3, q. 3, a. 1, resp. : « (…) imago in hoc differt a vestigio : quod vestigium est confusa similitudo alicujus rei et imperfecta ; imago autem repraesentat rem magis determinate secundum omnes partes et dispositiones partium, ex quibus etiam aliquid de interioribus rei percipi potest. Et ideo in illis tantum creaturis dicitur esse imago Dei quae propter sui nobilitatem ipsum perfectius imitantur et repraesentant ».

1. Comme le fait Henri, pour qui les puissances peuvent donc représenter la Trinité.

2. Voir § 1. Ayant posé son opinion propre (sa réponse à la question), Scot revient, un à un, sur les arguments initiaux en faveur de l'image de la Trinité dans l'âme consistant en des puissances distinctes.

Ad aliud, dico quod non est necesse quod tanta sit distinctio potentiarum, quanta est actuum, sufficit enim distinctio formalis in potentiis, ad distinctionem realem in actibus; potentia enim visiva una existens, est plurium colorum.

Ad aliud, cum dicitur quod haec erit vera, intellectus est voluntas, dico quod non, quia intellectus imponitur naturae, ut sub hoc respectu, voluntas, ut sub illo vel illo conceptu[1]. Vel potest dici quod quantumcumque sint idem realiter in essentia animae, tamen quidditative et formaliter distinguuntur; et ista diversitas impedit praedicationem unius de alio. Si igitur ab intellectivo et volitivo abstrahantur intellectus et voluntas, si est ibi aliqua distinctio formalis, unum non praedicatur de alio, sicut nec animalitas de humanitate, quamquam includatur in illo; sed ratione unitatis realis potentiarum in essentia animae haec erit vera : intellectivum est volituvum[2]; etsi abstrahantur intellectus et voluntas ab eo quod est causa unitatis, neutrum de alio verificatur.

1. La leçon proposée par le mns Balliol, 205, f. 250r (« ut illo, vel ut in conceptu ») est étrange. Il est difficile de trancher entre les différentes versions du passage.

2. Le mns Balliol, 205, f. 250r, omet « in causa ».

[En réponse] à l'autre point, je dis qu'il n'est pas nécessaire qu'il y ait autant de distinction des puissances, qu'il y en a pour les actes. Une distinction formelle[1] entre les puissances suffit en effet pour qu'il y ait une distinction réelle entre les actes. En effet, la puissance visuelle existante comme une est [puissance] de plusieurs couleurs.

[En réponse] à l'autre point, quand on dit que serait vraie [la proposition] : l'intellect est la volonté, je dis que non. En effet, l'intellect s'applique à une nature comme sous ce rapport, et la volonté s'y applique sous tel ou tel concept. On peut aussi dire qu'aussi réellement identiques que soient [les puissances] dans l'essence de l'âme, cependant elles se distinguent quidditativement et formellement. Et cette diversité interdit que ce qu'on dit de l'une vaille aussi pour l'autre. Si donc à partir de l'intellectif et du volitif on abstrait l'intellect et la volonté, et s'il y a là quelque distinction formelle, ce qui est dit de l'un ne sera pas dit de l'autre, comme l'animalité n'est pas dite de l'humanité, quoique l'une soit contenue en l'autre. Mais, en raison de l'unité réelle des puissances dans l'essence de l'âme, cette [proposition] sera vraie : l'intellectif est le volitif ; et si l'on abstrait l'intellect et la volonté de ce qui est la cause de l'unité, aucun des deux ne se vérifie de l'autre.

---

1. Le mns de Worcester (f. 108v) porte « virtualis », « virtuelle ».

AUTOUR DE LA DISTINCTION
FORMELLE SCOTISTE

La distinction formelle scotiste n'est pas seulement, ni peut-être d'abord, un outil théorique de théologie trinitaire (comment les trois personnes sont-elles distinctes, tout en constituant une seule et unique substance ?). Si Jean Duns Scot s'en sert en métaphysique pour penser le rapport des passions de l'étant à l'étant[1], elle concerne tout aussi bien la manière de rendre compte des puissances de l'âme. Comme l'ont récemment montré Rega Wood et Zita Toth dans leur article très documenté « *Nec idem nec aliud* : The Powers of the Soul and the Origins of the Formal Distinction », cette distinction pourrait trouver sa source dans les discussions franciscaines autour des puissances de l'âme, qui ne s'identifient pas parfaitement ou substantiellement à l'âme, mais n'en diffèrent pas non plus radicalement. Plus particulièrement, Richard Rufus de Cornouailles, théologien franciscain oxonien, mort aux alentours de 1260, semble avoir jeté les bases de la distinction formelle. Rappelons que Rufus a eu une influence considérable à Oxford jusqu'à la fin du siècle au moins.

---

1. Voir ainsi *Quaestiones in Metaphysicam*, VII, q. 19, n. 43-45, OP IV, 370.

Que Scot, étudiant puis docteur à Oxford, puisse se réclamer de cet auteur n'aurait rien de surprenant.

Dans cette annexe, pour éclairer la *Reportatio*, II, d. 16, nous donnerons à lire un texte emblématique de Rufus, ainsi que quelques textes de Scot présentant la distinction formelle.

Le texte de Rufus que nous traduisons se situe à la distinction 24 du livre II de son commentaire oxonien des *Sentences*[1], datant du milieu du XIIIe siècle. A la suite de Pierre Lombard, Rufus revient sur la situation ambiguë du libre arbitre comme relevant à la fois de la volonté (par sa liberté) et de la raison (en tant qu'arbitre). Il faut dès lors s'interroger sur le rapport, mais aussi la différence entre volonté et raison. Volonté et raison sont-elles réellement deux en l'âme humaine ? Rufus nous invite bien plutôt à penser que les puissances de l'âme, loin de constituer des entités réellement distinctes en celle-ci (ce qui risquerait de la diviser en parties distinctes), doivent plutôt se comprendre comme n'indiquant rien d'autre que des relations diverses d'une unique âme.

La distinction 3 du premier livre des *Sentences* porte sur l'image, singulièrement sur la manière dont l'homme, créé à l'image de Dieu (Gn 1, 26), découvre en son âme et ses différentes puissances l'image de la Trinité divine.

---

1. On pourrait également renvoyer au livre I, distinction 1, qui montre les difficultés à soutenir une distinction des puissances de l'âme, ce qui semble conduire à les diviser en de multiples vies distinctes, mais aussi à soutenir, inversement, l'identité, ce qui conduirait à ce qu'il n'y ait qu'une puissance. Il faudrait donc dire que l'âme n'est ni la même, ni différente de ses puissances : « Differunt et non accidentaliter nec tamen essentialiter nisi extendamus nomen essentiae ad suas quidditates et definitiones » (mns Oxford, Balliol, 62, fol. 14ra ; ce passage, comme d'autres, sont cités par R. Wood et Z. Toth, « Nec idem, nec aliud », p. 181).

Dès son premier commentaire des *Sentences*, appelé la *Lectura*, Duns Scot montre comment les puissances de l'âme ne constituent pas des choses (*res*) distinctes. S'il convient donc de ne pas réifier ces entités, il faut toutefois parler à leur égard d'une diversité de raisons réelles, qui se manifeste par la diversité de leurs actes : vouloir n'est ainsi pas intelliger. Le vocabulaire de la chose (*res*) n'est toutefois pas définitivement abandonné. Scot le réinvestit dans sa *Reportatio* parisienne, pour penser les principes, en l'âme, des actes. Revenant sur la pluralité en l'âme lorsqu'il commente la distinction 33, Scot parle alors d'une identité non selon l'adéquation, mais bien plutôt virtuelle. L'*Ordinatio* synthétise la doctrine scotiste concernant l'identité et la pluralité des puissances, de l'âme comme des personnes de la Trinité : identité quand elles sont rapportées à l'essence de l'âme d'où elles proviennent, mais pluralité eu égard aux actes qu'elles produisent. Scot use à présent du vocabulaire, non de la chose, mais de la réalité (*realitas*) pour les désigner.

Au livre IV de ses *Questions sur la Métaphysique*, Scot revient sur l'identité réelle des perfections de Dieu, ou de la créature, avec l'essence qui les contient d'une manière unitive. Marquant la différence entre Dieu, infini, et la créature, caractérisée par sa limitation, Scot montre comment, sans constituer des choses ou des natures différentes, ces perfections créées diffèrent bien réellement.

Entre l'identité et la distinction, il n'y a donc certes pas à choisir, mais il y a lieu de préciser : la trinité psychique, comme divine, signifie à la fois une identité virtuelle ou unitive et une distinction réelle. L'identité n'est donc pas exempte de distinction, comme la distinction ne l'est pas d'identité.

RICHARD RUFUS DE CORNOUAILLES, *COMMENTAIRE OXONIEN DES SENTENCES*, LIVRE II, D. 24

Manuscrit Oxford, Balliol College, 62, f. 161ra-b[1]

Le libre arbitre est donc un mouvement de la raison, ou rationnel. Il est aussi un mouvement de la volonté, ou vital, d'un point de vue formel. Le libre arbitre ne serait-il donc pas plusieurs mouvements, et des mouvements divers ?

Je réponds : il est à la fois un mouvement et des mouvements divers. En effet, la raison juge et la volonté choisit. Néanmoins, la raison choisit aussi. En effet, la raison consent à la volonté qui choisit, et ne lui apporte pas de contrariété. De là, Bernard définit ainsi le libre arbitre : « le libre arbitre est le consentement de la volonté et de la raison »[2]. Que la raison choisit, Damascène le dit au chapitre 40 <de la *Foi orthodoxe*> : « notre intellect accomplit un choix, et c'est là le principe de nos actes »[3]. Donc la raison choisit, ainsi que la volonté, par une œuvre individuelle. Par ce mouvement individuel, à savoir ultime, les deux sont mues.

Mais s'il y a les deux, ou deux <entités> diverses à propos des puissances, je veux dire des puissances de l'âme, à propos desquelles est-il dit, plus haut, distinction 1, d'après Augustin, *De l'esprit et de l'âme*, chapitre 10, que l'âme ne se divise pas par des parties, mais selon des offices divers[4], selon lesquels « elle reçoit des noms divers », « la raison quand elle discerne, (…) la volonté quand elle

---

1. Nous remercions Rega Wood pour avoir mis à notre disposition sa transcription de ce texte.
2. Voir *De gratia et libero arbitrio*, II, 4, SC CCCXCIII, 252.
3. *De la foi orthodoxe*, 40, SC 535, 352.
4. *De spiritu et littera*, 13, PL XL, 788-789.

consent » ? La puissance n'ajoute pas une certaine nature
à l'essence de l'âme, mais les relations qu'elle entretient
à des œuvres diverses sont dites des puissances diverses.
Cette essence reliée consiste en ces trois relations. Elle-
même est trois <choses> reliées, ou trois relations, mais
une unique essence

DUNS SCOT, *LECTURA*, I, D. 3
Vat. XVI, 399

438. Entre ces <entités> dans lesquelles se trouvent
ces actes, il y a consubstantialité, puisqu'elles prennent
racine dans une unique essence de l'âme, si l'on pose que
les puissances ne sont pas des accidents, ou, ce que je crois
mieux, qu'elles sont une unique chose (*res*) et une unique
essence, dotées de différentes raisons réelles (*diversis
rationibus realibus*), en plus de l'opération de l'intellect
(…). Elles ne sont pas des choses (*res*) différentes. Mais
les actes sont réellement divers, comme des choses diverses ;
ainsi l'acte premier par lequel sont la mémoire et la
connaissance engendrée est autre que l'acte de vouloir.

DUNS SCOT, *REPORTATA PARISIENSIA*, IA, D. 3, Q. 7
Éd. Wolter-Bychkov, t. I, p. 244-245

203. (…) il faut savoir que, ces actes en lesquels consiste
la raison de l'image, nous les expérimentons en nous-
mêmes, à savoir les actes d'intelliger et de vouloir. Nous
expérimentons en effet en nous-mêmes que nous intelligeons
lorsque nous le voulons ; donc, bien plus encore, nous
voulons lorsque nous voulons en ce que ces actes sont en
notre pouvoir. Il s'ensuit donc qu'il convient de poser en
nous-mêmes les principes formels de ces actes ; et nous

trouvons dans notre esprit ces choses (*res*), qui sont principes de ces actes (peu m'importe si elles sont deux, ou plus, en tenant compte de la mémoire).

204. Que sont donc ces trois en lesquels consiste l'image ? Je réponds : en admettant cet acte premier unique, ou ces deux actes premiers, avec un certain <acte>, par lesquels nous avons la puissance des actes seconds, nous avons en nous un certain principe fécond pour produire des opérations en l'esprit, et nous avons ainsi une trinité.

DUNS SCOT, *REPORTATA PARISIENSIA*, IA, D. 33, Q. 1
T. II, p. 319-321

34. Au second point, lorsqu'on argumente que ce qui est identique (*idem*) ne peut être multiple réellement et un réellement, c'est vrai quant à l'adéquation (*adaequate*) : en effet, quand certaines <entités> sont d'une manière adéquate identiques, il n'y a pas de pluralisation de l'une sans l'autre (par exemple, le défini et la définition, le sujet premier et la passion propre). Mais ce qui, d'une manière non-adéquate, est identique à autre <chose> ne peut se pluraliser réellement sans l'autre. En effet, même si les puissances de l'âme sont identiques avec l'essence de l'âme, aucune n'est cependant par soi, d'une manière précise et adéquate, l'âme tout entière, puisqu'alors, comme une puissance trouve sa fondation dans l'essence de l'âme, elle trouverait sa fondation dans une autre puissance. Une puissance signifie donc la perfection virtuelle d'une âme, et elle est identique à l'âme virtuellement, mais non pas d'une manière adéquate et précise ; il en va de la même manière à propos des parties du composé par rapport à la totalité du composé. Les puissances et les parties peuvent donc se pluraliser, tandis que l'essence de l'âme demeure

une, et le tout un. Il en va ainsi pour ce qui nous concerne à propos des propriétés par rapport à l'essence <divine>, puisqu'aucune ne lui est identique d'une manière précise et adéquate (puisqu'aucune n'est formellement infinie), et cependant chacune lui est réellement identique, et, puisqu'elles ne sont pas identiques d'une manière adéquate, mais seulement selon l'identité (*identice*), alors c'est seulement ainsi qu'elles sont identiques entre elles.

DUNS SCOT, *ORDINATIO*, I, D. 3, P. 3
Vat. III, 343[1]

580. De là il s'ensuit en troisième lieu que l'image consiste dans les actes premiers et simultanément dans les actes seconds, ce que je comprends ainsi : l'âme a en soi une certaine perfection selon qu'elle est acte premier par rapport à la connaissance engendrée, et elle a en soi une certaine perfection selon qu'elle reçoit formellement la connaissance engendrée ; elle a aussi en soi une certaine perfection selon qu'elle reçoit formellement la volition. Ces trois perfections sont dites : mémoire, intelligence et volonté, ou bien âme en tant qu'elle possède celles-ci. Donc l'âme, en tant qu'elle possède l'acte premier total par rapport à l'intellection (à savoir quelque chose de l'âme et un objet qui lui est présent sous la raison d'intelligible), est dite mémoire, et ceci est une mémoire parfaite qui inclut autant l'intellect que ce par quoi l'objet lui est présent ; cette même âme en tant qu'elle reçoit la connaissance engendrée est dite intelligence, et intelligence parfaite en tant qu'elle est sous cette connaissance

---

1. On trouvera une traduction de cette 3ᵉ partie, par G. Sondag, so;us le titre *L'image*, Paris, Vrin, 1993.

engendrée ; elle est aussi dite volonté parfaite en tant qu'elle est sous cet acte de vouloir parfait. Donc, si l'on prend ces trois <puissances> du point de vue de l'âme, en tant qu'elles sont sous leurs trois actes, il y a entre ces trois termes, dis-je, consubstantialité, par la raison de ces trois réalités qui sont prises du point de vue de l'âme, mais il y a distinction et origine, par la raison de leurs actualités[1] reçues dans l'âme selon ces trois réalités dans l'âme.

DUNS SCOT,
QUESTIONS SUR LA MÉTAPHYSIQUE, IV, Q. 2
OP III, 354-355[2]

143. On peut donc soutenir la thèse de l'identité réelle ainsi : de même que l'essence divine contient des perfections infinies, et qu'elle les contient toutes d'une manière unitive (*unitive*), sans qu'elles ne soient des choses autres (*alia res*), de même une essence créée peut contenir d'une manière unitive d'autres perfections. (…) Dans la créature, chaque perfection contenue est limitée ; elle est plus limitée que l'essence qui la contient considérée selon sa totalité. De ce fait, chacune peut être dite une partie de la perfection, non point cependant en en étant réellement différente comme une autre nature, mais c'est une perfection réelle, selon une altérité, dis-je, qui n'est pas causée par l'intellect, mais qui est cependant aussi grande que celle que nous intelligeons quand nous parlons de choses diverses (*diversae res*). C'est une différence réelle moindre, si l'on appelle réelle toute différence qui n'est pas causée par l'intellect.

1. Duns Scot vise ici les actes seconds.
2. Pour le contexte de la discussion, on pourra se reporter à la traduction de cette question par O. Boulnois, *Questions sur la Métaphysique*, t. II, Paris, PUF, 2021, p. 82-177.

BIBLIOGRAPHIE

Textes

ARISTOTE, *Aristoteles Latinus* (AL), Paris-Bruges, Desclée de Brouwer, puis Leiden-New York-Cologne, Brill, 1961 *sq.*
– *Les Auctoritates Aristotelis*, éd. J. Hamesse, Paris-Louvain, Nauwelaerts-Publications universitaires, 1974
AUGUSTIN, *Œuvres*, Bibliothèque Augustinienne (BA), éd. bilingue, Paris, DDB-IEA, 1938 *sq.*
AVERROES LATINUS, *In Aristotelis de Anima*, éd. F. S. Crawford, Cambridge (Mass.), The Mediaeval Academy of America, 1953 ; trad. fr. A. de Libera, *L'intelligence et la pensée*, Paris, GF-Flammarion, 1998.
BONAVENTURE, *Opera omnia*, edita studio et cura PP. Collegii a S. Bonaventura, Ad Claras Aquas (Quaracchi), 1882-1902.
– *Les Sentences. Questions sur Dieu*, trad. M. Ozilou, Paris, PUF, 2002.
– *Itinéraire de l'esprit jusqu'en Dieu*, trad. A. Ménard, Paris, Vrin, 2019.
DUNS SCOT, *Opera omnia*, éd. L. Wadding, rééd. L. Vivès, Paris, 1891-1895, 26 vol.
– *Opera Omnia* (Vat.), cura et studio commissionis scotisticae, C. Balič, Vatican, 1950 *sq.*
– *Reportatio* I-A, éd. A. B. Wolter, O. V. Bychkov, Saint-Bonaventure, The Franciscan Institute, 2004 et 2008.
– *Opera Philosophica* (OP), Saint-Bonaventure, The Franciscan Institute, 1999 *sq.*

FRANÇOIS DE LA MARCHE, *Quaestiones in IIum librum Sententiarum*, éd. T. Suarez-Nani *et al.*, Louvain, Leuven University Press, 2008-2013.

GILLES DE ROME, *Quodlibeta*, éd. P. D. De Coninck, Louvain, 1646.

GODEFROID DE FONTAINES, *Quodlibet VIII*, éd. J. Hoffmans, Louvain, ISP, 1924

GUILLAUME D'AUXERRE, *Summa aurea*, éd. J. Ribailler, Paris-Grottaferrata, CNRS-Collège Saint-Bonaventure, 1980-1987.

GUILLAUME D'AUVERGNE, *Opera Omnia*, éd. B. le Féron, Paris, L. Billaine, 1674, 2 vol.

GUILLAUME DE LA MARE, *Scriptum in Ium librum Sententiarum*, éd. H. Kraml, Munich, Bayerische Akademie der Wissenschaften, 1989.

HENRI DE GAND, *Quodlibeta*, éd. J. Badius, Paris, 1518, 2 vol.

HERVÉ NEDELLEC, *Quodlibeta Hervei*, Venise, 1513.

OLIVI, *Quaestiones in IIum librum Sententiarum*, éd. B. Jansen, Quaracchi, 1922-1926, 3 vol.

JEAN PECKHAM, *Questiones tractantes de anima*, éd. H. Spettmann, Munich, Aschendorff, 1918.

PIERRE LOMBARD, *Sententiae*, I-II, Grottaferrata, Collège Saint-Bonaventure, 1971.

ROBERT KILWARDBY, *Quaestiones in librum primum Sententiarum*, éd. J. Schneider, Munich, Bayerische Akademie der Wissenschaften, 1986.

SIGER DE BRABANT, *Quaestiones in tertium De anima*, éd. B. Bazan, Louvain et Paris, Publications Universitaires Béatrice Nauwelaerts, 1972 ; éd. et trad. italienne A. Petagine, Milan, Bompiani, 2007.

THOMAS D'AQUIN, *Opera omnia, Corpus Thomisticum*, édition électronique en ligne, http://www.corpusthomisticum.org/iopera.html

– *Lectura Romana in Ium Sententiarum*, éd. J.-P. Doyle, Toronto, PIMS, 2006.

– *L'âme et le corps*, trad. J.-B. Brenet, introduction par B. C. Bazan, Paris, Vrin, 2016.

– *L'âme humaine*, éd. F.-X. Putallaz, Paris, Le Cerf, 2018.

– *Les créatures spirituelles*, texte latin, traduction, introduction et notes J.-B. Brenet, Paris, Vrin, 2010.

– *Contre Averroès*, trad. A. de Libera, Paris, GF-Flammarion, 1994, 1997.

Études

AERTSEN Jan, *Medieval Philosophy as Transcendental Thought*, Leiden, Brill, 2012.

BIENIAK Magdalena, *The Soul-Body Problem at Paris, ca. 1200-1250*, Louvain, Leuven University Press, 2010.

BLANDER Josh, « Same as it never was : John Duns Scotus'Paris *Reportatio* account of identity and distinction », *British Journal for the History of Philosophy*, 2020, p. 231-250.

BOUGEROL Jacques-Guy, *Introduction à saint Bonaventure*, Paris, Vrin, 1988.

BOULNOIS Olivier, *Être et représentation*, Paris, P.U.F., 1999.

– « L'invention de la réalité », *Quaestio* XVIII, 2018, p. 133-154.

CORDONIER Valérie, SUAREZ-NANI Tiziana (éd.), *L'aristotélisme exposé. Aspects du débat philosophique entre Henri de Gand et Gilles de Rome*, Fribourg, Academic Press, 2014.

CROSS Richard, *Duns Scotus's Theory of Cognition*, Oxford, OUP, 2014.

DUMONT Stephen, « John Duns Scotus's *Reportatio parisiensis* examinata : A mystery solved », *Recherches de Theologie et Philosophie Medievales* LXXXV, 2018, p. 377-438.

EHRET Charles, « The Flow of Powers : Emanation in the Psychologies of Avicenna, Albert the Great, and Aquinas », *Oxford Studies in Medieval Philosophy*, 2017, p. 87-121.

GARDEIL Henri-Dominique, *Initiation à la philosophie de saint Thomas d'Aquin. Psychologie-Métaphysique*, éd. originale : 1952-1953, rééd. Paris, Le Cerf, 2010.

GILSON Étienne, *Le thomisme*, Paris, Vrin, 1986.

– *La philosophie de saint Bonaventure*, Paris, Vrin, 1984.

– *Jean Duns Scot. Introduction à ses positions fondamentales.* Paris, Vrin, 1952.

FOREST Aimé, *La métaphysique du concret selon s. Thomas d'Aquin*, Paris, Vrin, 1956.

IMBACH Ruedi, OLIVA Adriano, *La philosophie de Thomas d'Aquin. Repères*, Paris, Vrin, 2009.

LIBERA Alain (de), *Archéologie du sujet*, t. I, Paris, Vrin, 2007.

– *L'unité de l'intellect*, Paris, Vrin, 2004.

LOTTIN Odon, « L'identité de l'âme et de ses facultés pendant la première moitié du XIIIe siècle », *Revue néo-scolastique de philosophie* XLI, 1934, p. 191-21.

LÖWE Can Laurens, « Bonaventure on the Soul and its Powers », *Vivarium* LIX, 2021, p. 10-32.

MICHAUD-QUANTIN Pierre, « Une division 'augustinienne' des puissances de l'âme au Moyen Âge », *Revue des études augustiniennes* 3, 1957, p. 235-249.

MURALT André (de), « Pluralité des formes et unité de l'être. Introduction, traduction et commentaires de deux textes de Jean Duns Scot : *Commentaire des Sentences*, livre IV, distinction 11, question 3, et livre II, distinction 16, question unique. » in *Studia Philosophica*, vol. XXXIV, Bâle, Verlag für Recht und Gesellschaft, 1974, p. 57-92.

PASNAU Robert, *Thomas Aquinas on Human Nature. A Philosophical Study of Summa Theologiae 1a 75-89*, Cambridge, CUP, 2002.

PITOUR Thomas, *Wilhem von Auvergnes Psychologie*, Paderborn – Munich –Vienne – Zürich, F. Schöningh, 2011.

PORRO Pasquale, *Thomas Aquinas. A Historical and Philosophical Profile*, Washington, The Catholic University of America Press, 2012.

SUAREZ-NANI Tiziana, *La matière et l'esprit. Études sur François de la Marche*, Paris, Le Cerf, 2015.

TREGO Kristell (dir.), *L'acte et la puissance*, Paris, Vrin, 2023.

VAN DEN BERCKEN John H.L, « John Duns Scotus in two minds about the powers of the soul », *Recherches de Théologie et Philosophies médiévales* LXXXII, 2015, p. 199-240.

– *Alphonsus Vargas on the Powers of the Intellective Soul*, thèse de doctorat, Radboud University, 2018.

WÉBER Édouard-Henri, *La Controverse de 1270 à l'Université de Paris*, Paris, Vrin, 1970.

– *L'homme en discussion à l'Université de Paris en 1270*, Paris, Vrin, 1971.

– *Dialogue et dissensions entre saint Bonaventure et saint Thomas d'Aquin à Paris (1252-1273)*, Paris, Vrin, 1974.

WIPPEL John F., *The Metaphysical Thought of Godfrey of Fontaines*, Washington, The Catholic University of America Press, 1981.

WOLTER Alan B., *The Transcendentals and their Function in the Metaphysics of Duns Scotus*, Saint-Bonaventure, The Franciscan Institute, 1946.

WOOD Rega, TOTH Zita, « *Nec idem nec aliud* : The Powers of the Soul and the Origins of the Formal Distinction », *Early Thirteenth-Century English Franciscan Thought*, éd. L. Schumacher, Berlin, De Gruyter, 2021, p. 171-197.

TABLE DES MATIÈRES

INTRODUCTION
par Kristell TREGO et Jean-Baptiste LÉTANG............   7

BONAVENTURE, THOMAS D'AQUIN
JEAN DUNS SCOT
LES PUISSANCES DE L'ÂME

TEXTES LATINS ET TRADUCTIONS

BONAVENTURE
Commentaire des Sentences, I, d. 3, p. 2, art. 3,
concl..   27

THOMAS D'AQUIN
Somme de Théologie, I, q. 77, a. 1   31
Somme de Théologie, Ia, q. 76, a. 1, concl.   47

DUNS SCOT.
Reportations parisiennes, II, d. XVI, qu. un.   59

ANNEXE   117

BIBLIOGRAPHIE...   125

TABLE DES MATIÈRES...   131

Achevé d'imprimer en novembre 2022
sur les presses de
La Manufacture - Imprimeur – 52200 Langres
Tél. : (33) 325 845 892

N° imprimeur : 221044 - Dépôt légal : décembre 2022
Imprimé en France